UNA HISTORIA ORAL
DE LA INFAMIA

UNA HISTORIA ORAL DE LA INFAMIA

Los ataques contra los normalistas de Ayotzinapa

JOHN GIBLER

Grijalbo   **sur+**

Una historia oral de la infamia
Los ataques contra los normalistas de Ayotzinapa

Primera edición: abril, 2016

D. R. © 2016, John Gibler

D. R. © 2016, Surplus, S. de R. L. de C. V.
Luz Saviñón núm. 13, piso 10, interior 1004,
colonia del Valle, delegación Benito Juárez, C.P. 03100,
México, D. F.

D. R. © 2016, derechos de edición mundiales en lengua castellana:
Penguin Random House Grupo Editorial, S. A. de C. V.
Blvd. Miguel de Cervantes Saavedra núm. 301, 1er piso,
colonia Granada, delegación Miguel Hidalgo, C. P. 11520,
México, D. F.

www.megustaleer.com.mx

ISBN: 978-607-314-157-4

Impreso en México – *Printed in Mexico*

El papel utilizado para la impresión de este libro ha sido fabricado a partir de madera procedente
de bosques y plantaciones gestionadas con los más altos estándares ambientales, garantizando
una explotación de los recursos sostenible con el medio ambiente y beneficiosa para las personas.

Penguin
Random House
Grupo Editorial

Para los sobrevivientes, los caídos,
los desaparecidos, y sus familias.

Y para todos los que salieron y siguen
saliendo a luchar.

¿Cómo se puede escribir una historia de lo imposible?
—MICHEL-ROLPH TROUILLOT

¿A quién reclamarle justicia si la misma ley que mata es la que levanta los muertos? ¿Dónde poner la denuncia si toda autoridad está untada de sangre? La misma ley que toma medidas y hace los exámenes para decir quién es el asesino es la misma que cometió el crimen.
—OSIRIS EN ALFREDO MOLANO,
Desterrados: Crónicas del desarraigo

Este libro está hecho con base en entrevistas con sobrevivientes de los ataques en contra de los estudiantes de la Escuela Normal Rural "Raúl Isidro Burgos" de Ayotzinapa durante la noche y madrugada entre el 26 y el 27 de septiembre de 2014 en Iguala, Guerrero. Las entrevistas fueron realizadas entre el 4 de octubre de 2014 y el 19 de junio de 2015. La mayoría de los sobrevivientes pidieron proteger sus identidades con el uso de seudónimos, lo cual se ha respetado.

Carlos Martínez, 21, estudiante de segundo año. Yo soy de un municipio parecido al de Tixtla, en la región de la Costa Grande de Guerrero. Es un lugar muy bonito, tiene ríos, tiene lagunas. De un tiempo para acá se ha comenzado a urbanizar un poquito más, lo que ha generado varios problemas. Pero aun así, pues, la esencia del pueblo y de la gente continúa. Yo soy el segundo de tres hermanos. Tengo una hermana mayor, una hermana menor y yo soy el segundo. Vivo con mi mamá. Hace varios años que mi papá se fue de la casa, así que era mucho muy difícil quizá lograr aspirar a otra carrera.

Cuando iba en la secundaria comencé a trabajar por las tardes. Me iba a trabajar a un taller mecánico, trabajé en una ferretería, trabajé en una taquería. Todo para tratar de sostenerme los estudios, porque era muy complicado para mi mamá, sola, atender a tres hijos. Después de mucho esfuerzo, logré obtener una beca y fui a estudiar a Acapulco cuando terminé la preparatoria. Ahí estuve un año estudiando contabilidad, pero era muy caro, porque tenía que pagar colegiatura, tenía que pagar libros, tenía que pagar renta, tenía que pagar comida, transporte público, proyectos y un montón de cosas, y era demasiado complicado sostenerme de una beca. Y al final pues escuché de la escuela de aquí, de Ayotzinapa, y me vine, me vine para acá esperando poder tener mis estudios, que es lo que siempre he querido.

Tengo un compañero, un amigo que estudió aquí, que es maestro. Cuando yo estuve trabajando un tiempo en Atoyac de Álvarez, ahí lo conocí y él me contó de esta escuela, me contó que era un internado, de las clases, de los clubes culturales, de los clubes deportivos, de varias cosas, y al final lo que más me llamó la atención fue que era una escuela verdaderamente gratuita, una escuela verdaderamente gratuita donde se venía precisamente a estudiar, a hacer lo propio y fue lo que me llamó la atención y fue por lo que me vine para acá.

Santiago Flores, 24, estudiante de primer año. Muchos amigos me decían que nos fuéramos a estudiar a Acapulco o a la escuela de maestros de educación física que está en Michoacán, pero pues no, no me animaba porque se me hacía difícil estar lejos de mi casa. Tengo un primo que egresó de aquí que me dijo que me viniera para acá, que aquí no hay gastos, que aquí todo te da la escuela y por eso, más que nada por la economía.

Jorge Hernández Espinosa, 20, estudiante de primer año. Yo tengo un hermano que egresó en el 2011 de la Normal. Mi hermano se vino a la Normal en 2007 sin saber nada, sin saber a qué venía. A él simplemente le dijeron "hay una Normal, un internado, adelante de Chilpancingo, se llama Ayotzinapa, lo único que tienes que hacer es presentar tu examen, pasar el examen y pasar una semana de prueba, y nada más". Pero fue sólo eso, entonces pues él llegó así a ciegas, sin saber nada. Pasó la semana de prueba, egresó y me dijo él "quiero que te vayas a estudiar para allá".

Para empezar no teníamos dinero, mi papá en ese entonces nos abandonó, se fue. Nosotros somos cinco hijos, cuatro hermanos y una hermana. A mi hermano le faltaba un año para egresar, estaba cursando todavía el cuarto año cuando mi papá nos dejó y mi mamá se encargó de nosotros. Un hermano y mi hermana estaban estudiando junto conmigo el bachillerato y uno de mis hermanos estaba estudiando la secundaria, y otro es sordomudo y no estudiaba. Entonces egresó mi hermano y me dijo "pues no hay de otra, si quieres estudiar pues ve allá, aprendes muchas cosas", y sí, él me explicó un poco más o menos de cómo se manejaba la situación en la Normal, y yo dije "sí, me voy", no le pensé ni dos veces. Llegué a la Normal y la verdad que sí, me sentía extraño, me sentía mal, pues, porque había dejado a mi familia. Yo no estaba acostumbrado a salir por mucho tiempo y dejar mi casa. En la Normal no tenía conocidos, llegué sin saber nada, sin conocer a nadie, pues, yo decía "todo sea por lograr salir adelante", para que mi familia algún día diga "me siento orgullosa de ti por lo que has logrado, poco o mucho lo que has logrado es muy importante".

Juan Pérez, 25, estudiante de primer año. Casi la mayoría aquí son hijos de campesinos. Allá de donde yo vengo nomás hay primaria, secundaria y colegio. No hay más carrera para nosotros para avanzarle, estudiar un poco, ya que mi pueblo está más jodido que otras partes. Yo me decidí a entrar a esta escuela, a venir a estudiar, a ser alguien, para ir a mi pueblo y ser un maestro allá, dar clases a los chavos. Como allá en mi pueblo hablamos pura lengua me'phaa, nosotros también queremos un maestro que hable me'phaa. Ésa es mi visión para mí.

Coyuco Barrientos, 21, estudiante de primer año. Mi papá se separó de mi mamá cuando yo tenía quizá unos cinco años de edad. Nosotros vivíamos en la sierra. Pero mi mamá, mi hermana y yo nos venimos de donde mis abuelitos, ya más al centro. Mi mamá nos dejaba solos por irse a trabajar. Estábamos con mi abuela, porque mi abuelo también trabajaba todo el día, llegaba en la noche, o si no, hasta la semana. Y pues de ahí fui un poco más independiente con ellos. Ya para entrar acá, yo a mi papá no le hablaba, ya teníamos mucho tiempo de habernos peleado. Hasta antes de entrar aquí pues yo tenía la idea de entrar a la marina para sostener más estudios y ayudar a mi familia. Pues no se dio, quedé al filo de entrar y pues ya no tenía otras opciones. Había estudiado turismo en Acapulco, en la facultad, pero no tenía el apoyo. En ese tiempo peleé con mi mamá y mi hermana y así que quedé solo otra vez, tuve que trabajar. Dejé de estudiar y mi primo me comentó, pues, que si quería que entrara aquí, que no había otra cosa con que me pudiera ayudar.

Y fue mi… ora sí que mi otra luz de esperanza porque yo quería seguir estudiando, no quería quedarme estancado solamente trabajando y así que le acepté la propuesta, y resultó que mi primo también —él es de Zihuatanejo, Daniel Solís— también iba a venir a presentar examen y todo, y fue que nos pusimos de acuerdo para vernos y aquí llegamos. Antes de eso, yo trabajaba pues en lo que cayera, le ayudaba a mis tíos con los que me quedaba a arreglar y limpiar refrigeradores, lavadoras, aires acondicionados, era poco, pero ya tenía para mis cosas. Después me fui a buscar más trabajo y encontré un taller de hojalatería y pintura automotriz. Llegué sin saber nada y solamente viendo empecé a aprender, le agarré la onda ahí, con el jefe, y ya me tuvo confianza, ya me dejaba trabajos a mí, sencillos, que pudiera sacar. Y pues le comenté que necesitaba el trabajo para juntar el dinero porque iba a venir a presentar el examen y necesitaba para los pasajes y lo que pudiera ocupar acá, y sí, me comprendió, me echó la mano. Estuve trabajando como mes y medio ahí ya hasta que se llegó el día que me tuve que venir.

Andrés Hernández, 21, estudiante de primer año. Tengo una meta que es ser maestro, ser docente. Yo venía con esa finalidad para llegar a dar clases a mi comunidad, ya que es una comunidad muy alejada, con alrededor de unos 200 habitantes. Los maestros que luego van, pues no sé si por el calor, por la comida, pero luego se van, no hacen ni medio año y se cambian, es por eso que yo venía. Vengo con esa meta: lograr llegar a mi comunidad a dar clases, a ser docente de ahí.

Edgar Andrés Vargas, 25, estudiante de tercer año. Cuando íbamos en tercer año de la prepa muchos estaban decidiendo por dónde querían estudiar. La única Normal que conocíamos era la de Tenería, la que está en el Estado de México. Pero tengo un primo que se llama Óliver, él me comentó eso de que en Guerrero existe una Normal como la de Tenería. Y pues yo la verdad nunca me animé por ir a una Normal. Él me había comentado que su tío estudiaba en esa Normal y que estaba muy bien, y ya él me comentó que fuéramos, me estaba convenciendo pues yo la verdad no quería ir. Ya él fue a sacar su ficha, ya me comentó todo, me habló cómo para sacar la ficha y ya al último día me decidí. Recuerdo que salí como a las dos, creo, de mi pueblo, y ya me fui con mi papá hasta allá porque es algo retirado. Mi primo más o menos me dio la ruta de cómo llegar y saqué ficha el último día, fui uno de los últimos. Recorrí un poco la Normal y sí, más o menos me gustó. Como yo soy muy apegado a mi primo, de hecho nos llevamos desde la primaria, estábamos alegres por ir al examen y todo. Al ver la Normal más me llamó la atención, al ver los murales y todo eso y ya decidí hacer el examen.

José Armando, 20, estudiante de primer año. Es por eso que nosotros venimos a Ayotzinapa, porque somos hijos de campesinos. No tenemos recursos necesarios para irnos a estudiar a otra escuela. Y ésta es una escuela de lucha, donde nos inculcan valores para seguir luchando por tener un buen futuro más adelante, para poder apoyar a nuestras familias. ¿Y qué hace el gobierno? Mata estudiantes.

Miguel Alcocer, 20, estudiante de primer año. Yo vine, pues, por falta de dinero. Yo dejé de estudiar dos años por lo mismo, que no tenía dinero. Quería seguir estudiando pero mis papás ya no tenían para darme más dinero y ya no había recursos. Ya sabía de esta escuela y quería venir, pero hasta este año me animé a venir para acá. Y así pues, les dije a mis papás que me iba a venir y me dijeron que sí. Pues era la única opción, por el dinero, porque aquí no se paga nada, la comida, luego los cuartos, todo aquí te lo da la escuela y por eso quise venir aquí.

Jorge Hernández Espinosa, 20, estudiante de primer año. En la semana de prueba al principio nosotros sí, la verdad que lo vimos mal. Dijimos "¿por qué nos hacen eso si nosotros queremos estudiar?" Pero la verdad que ahí se valoran muchas cosas. Aprendes a valorar desde tu familia, desde la comida, desde tus compañeros, desde tus amigos, todo, todo, todo. Porque llega el momento en que te cansas y dices "ya no puedo más, me voy a mi casa". Pero después dices "voy a llegar y ¿qué les voy a decir a mis padres?: me vine, no pude, no aguanté, no fui capaz de pasar la semana de prueba". Entonces te das valor tú mismo y piensas en tu familia y dices "no quiero defraudar a mi familia, quiero que mi familia se sienta orgullosa, quiero que cuando regrese les diga: me quedé". La verdad que sí, pues, es muy difícil porque trabajamos, hacemos todo lo que hace un campesino, porque todos somos campesinos. Pero por ejemplo, lo que un campesino hace en un mes, nosotros lo hacemos en una semana. Entonces duplicamos el trabajo. Hay veces que no tomamos agua, no comemos, sí las hay y se siente feo, pero al mismo tiempo dices, cuando llevas dos, tres días ya dentro de la Normal, haciendo la semana de prueba, pues dices "ya pasé dos días, que pasen otros cinco, aquí voy a estar", y sí.

Santiago Flores, 24, estudiante de primer año. La semana de prueba se siente pesada. Sí estaba muy pesadita. De hecho, pues, así es esto, así es de todos los años. Es hacer ejercicio, ir a módulo, chaponar, ir a ayudarles a los tíos a sus tierras. Es un poco cansado y nomás se queda el que aguanta la semana de prueba. Nos ayudábamos entre nosotros. Si es que unos ya no podían correr nos decían "ayúdense entre ustedes, ayúdense, nunca dejen a un compa solo, nunca se tiene que quedar nadie, cuando acaben de correr nadie se tiene que quedar". Si se quedaba uno se quedaban todos, o si lo podíamos ayudar lo podíamos cargar, pero que no se quedara nadie. Ahí el compañerismo se empezó a dar, de estar todos juntos siempre, no de dejarlos, de ayudarle al compa, así se empezó a dar el compañerismo. Se hacen grandes amistades ahí en la semana de prueba, con compañeros que no conocíamos nos hicimos mejores amigos ahí.

Edgar Andrés Vargas, 25, estudiante de tercer año. El primer día nos metieron a todos a la sala audiovisual, los del comité nos dijeron unas cosas, nos dieron la bienvenida más o menos, y ya salimos temprano, nos fuimos a descansar. Ya como a las cuatro de la mañana llegaron los de la cátedra de deportes pateando la puerta, gritando, y uno de volada se levanta y ya. Nos querían en cinco minutos o dos minutos en la cancha. Como ya me habían contado más o menos algo, ya teníamos una idea. Nos pusieron a hacer ejercicio, y de ahí pues a correr. Nos sacaron a correr. Se me complicaba un poco porque antes sufría de asma y siempre usaba el inhalador. Siempre tenía ese temor, por lo mismo casi no jugaba futbol o así, porque se me quedó ese temor de sufrir un ataque. Pero ya en ese momento salimos a correr, empezamos a gritar. La verdad sí fue algo muy cansado subir las escaleras, hacer los ejercicios, de hecho yo casi no estaba acostumbrado a eso. Corríamos por todo Tixtla, nos íbamos hasta casi un oxxo que estaba a la entrada y ya nos regresaban. Nos daban unos cuantos minutos para descansar, y como a las ocho o las nueve, ya nos sacaban a hacer vigía, a barrer la escuela, a chaponar y todo eso. Lo complicado era que no nos daban de tomar agua, era muy escasa el agua, no nos daban de tomar agua, entonces al estar chaponando con sed, no sé, se desgasta mucho uno, pero sí estuve aguantando. Luego la comida era unas tortillas y una cucharadita de frijol. Ni modo, tenías hambre y te lo tenías que comer y no podías pedir más porque si pedías te llenaban todo el plato, te daban pan, tortillas, así bastante y aparte te lo tenías que comer todo. Entonces te tenías que conformar con lo que te dieran. Creo que nos daban un desayuno como a las diez u once, y ya nos daban unos cuantos minutos para descansar y luego a volver a trabajar, trabajar, trabajar. Luego eran como las cuatro o las cinco cuando nos dieron de comer nuevamente. Eran las únicas dos comidas. Nos hablaban de la Normal, de su creación y todo y ya como a las ocho nos metían ahí al círculo de estudio, nos daban orientación política. Hablaban de la esencia del normalismo, de la creación de las normales, de los movimientos que ha habido en el país, de los malos gobiernos. A veces nos proyectaban videos, películas, pero todo referente a, se podría decir, a la política de la izquierda. Salíamos bien tarde, como a las dos, a veces hasta las tres. Me acuerdo que en dos ocasiones me sacaron de la película porque ya me estaba durmiendo, pero ya eran los últimos días. Me sacó el comité porque ya me estaba durmiendo, y me pusieron a hacer ejercicio ahí afuera. La primera vez me pusieron a hacer ejercicio, me dijeron que subiera las escaleras a ver qué decía una cruz. Ya era de noche. No fui porque vi que venía otro chavo, creo que lo mandaron a lo mismo, y nomás le pregunté qué decía la cruz y ya nos quedamos un ratito ahí a platicar. Luego llegamos, nos preguntaron que qué decía la cruz, les contestamos, nos metieron de nuevo y ya hasta que terminó el círculo. La otra vez fue cuando me sacaron también porque igual ya me estaba durmiendo, ya no aguantaba el sueño. Pero esa vez me dieron de comer una cebolla. Te preguntan si quieres pera o manzana, me acuerdo que yo dije manzana y la manzana era una cebolla y la pera era un chile habanero. Pedí la manzana, me dijeron que la tenía que comer y pues me la comí. Después ni pude dormir porque, no sé, el olor, todo, te hacía llorar los ojos, estuve con ese sabor como tres, cuatro días.

Y así, estuve aguantando lo de la semana. Era complicado, muchos no resistieron el sueño o el hambre, se retiraron. Una vez nos llevaron a arrancar los montecitos a las milpas. Nos fuimos en camión y ya nos bajamos en la carretera y tuvimos que subir un cerro. Llegamos como a las doce creo, ya bajo el sol empezamos a tirar pasto. Como a las dos ya no aguantaba la sed, tenía mucha sed, ya sentía el cuerpo débil. Cuando yo fui a hacer la semana de prueba yo no llevé nada, sólo más una mochila con unas cuantas ropas. No llevé ni un cobertor, sólo una toalla. En la noche pues hacía frío, y lo que hacía yo era extender una ropa ahí, pues el piso era frío, y me acostaba y ya me cubría con la toalla. Pero ya después me empecé a llevar con el chavo de al lado y él sí había llevado sábanas, ya me compartía su colchón y así fue hasta que nos inscribimos. Aguanté mucho. Sí fue feo porque a veces nos sacaban a chaponar, estaba lloviendo, estaba el trueno y ni aun así dejaban que nos fuéramos a meter. Y así fue complicada la semana de prueba pero logré aguantar todo eso.

Óscar López Hernández, 18, estudiante de primer año. No pues, la verdad, nos tratan un poco mal entrando esa semana. Pero así, eso lo que pasó el 26, ahí nos sirvió todo. Nos enseñan aquí en la Normal en la semana de prueba a correr, nos tiramos a la alberca en la mañana, todo eso y sí, la verdad nos sirvió porque allá en la noche del 26 con la lluvia nosotros pasamos con otros compañeros más de ocho horas mojados. Y sí, aquí en la Normal también nos hacen eso, nos mojan, salimos a correr mojados, hacemos ejercicio en la mañana. Y la verdad, para ese día todo lo que nos hicieron en la semana de prueba nos sirvió un chingo porque allá sí necesitabas todo eso, porque ya no sabías para dónde correr y sí, aquí en la Normal nos enseñaron eso, y a tener condición física.

Miguel Alcocer, 20, estudiante de primer año. Es una semana en la que andas aquí haciendo cosas que hace un campesino pues: chaponar, dar de comer a los animales, sembrar las tierras, dar de comer a los marranos, a las gallinas. Todo eso hacíamos en la semana de adaptación, que nos dicen, para ver si de veras somos hijos de campesinos. Yo, la mera verdad la sentí fácil porque es cosa que yo he hecho con mis papás. Hemos trabajado en las tierras, tenemos tierras, tenemos animales, y para mí no la sentí pesada, porque pues es cosa que yo hacía en mi casa, con mis papás y mi hermano.

Carlos Martínez, 21, estudiante de segundo año. Yo pasé a segundo y pues había mucho deseo por entrar a clase por toda esta parte de seguir preparándonos. Teníamos hasta planes en mi academia de segundo sobre la posibilidad de realizar un viaje de estudio, teníamos planeado ir a Chiapas. Me sentía un poquito más tranquilo, porque cuando uno va en primero es mucho muy complicado, porque llegas aquí, tienes que adaptarte a la escuela, tienes que adaptarte a lo académico, tienes que adaptarte al modo de vida, a la situación, al hostigamiento, a la persecución que a veces siempre está presente, o sea nunca se va, y uno tiene que ir poco a poco forjándose la idea, formándose la idea de que esta escuela no es como cualquiera, de que es una escuela muy diferente.

Cuando yo iba en primero, hubo una inundación aquí en Tixtla, toda esta parte de abajo se inundó, casi la mitad del municipio de Tixtla se inundó. Mucha gente perdió todo, sus casas, su patrimonio, su medio de vida. Las lluvias empezaron el 13 de septiembre, recuerdo todavía bien ese día, y duraron, bueno, la lluvia sin parar duró varios días. Inundó todo Tixtla y al momento mucha gente acudió aquí a solicitarnos ayuda, mucha gente nos pidió que los ayudáramos a sacar sus cosas, a sacar sus pertenencias. Había personas enfermas que no podían caminar, ancianos, y necesitaban de nosotros para que los ayudáramos. Y ahí anduvimos nosotros cuando íbamos en primero, en septiembre, con la lluvia, con el agua hasta el cuello, sacando cosas de las casas, carros, ayudando a las personas en un montón de cosas. Y ahí es donde nos fueron enseñando que no sólo se trata de ver por nosotros sino por los demás. Fue una reacción rápida, acepto que quizá no fue organizada pero sí cumplió con la expectativa que era apoyar a la población.

El gobierno federal designó múltiples recursos después, cientos de miles de pesos para rescatar precisamente esa parte, y hasta la fecha muchas de esas personas no han recibido nada. De hecho en una ocasión el ejército estuvo grabando un video donde le pagaron a personas para que se hicieran como que estaban lastimadas o algo, y ellos las iban cargando en el agua, luego se echaban agua en la cara para… bueno eran actores, eran prácticamente actores del ejército. Y fue tanta la indignación de las personas por ver que nada más apantallaban a la hora de ayudar… porque ellos no se metían al agua, no se metían a sacar las cosas, no se metían a sacar a las personas, siempre éramos nosotros. Fue tanta su indignación que cuando se dieron cuenta de que estaban grabando eso, cayeron a donde estaban, encerraron a los militares y no los dejaron salir fuera hasta que pidieran una disculpa pública.

Yo también estuve cuando fue lo del 7 de enero, cuando atropellaron a dos compañeros en Atoyac de Álvarez. Fue un accidente, fue un choque. Estábamos realizando un boteo cuando pasó un camión con una máquina, no sé cómo se le dice, excavadora, que tiene como una manita, y a pesar de que estábamos nosotros ahí, pasó hecho bien recio y muchos compañeros no alcanzaron a moverse, a quitarse de la carretera. Tres compañeros lograron salir con vida y dos fallecieron ahí. Eugenio Tamari Huerta y Fredy Fernando Vázquez Crispin fueron los que fallecieron ahí. Nosotros seguimos a la persona que había atropellado a los compañeros, la seguimos hasta capturarla como unos tres municipios más adelante, en un lugar que se llama El Cayaco. Ahí lo retuvimos hasta que llegó la policía y se lo llevó y actualmente ese tipo está preso por el homicidio de los compañeros.

A veces pareciera que son más malas las experiencias que uno vive aquí que buenas, pero es todo lo contrario.

Erick Santiago López, 22, estudiante de segundo año. Fue alrededor de las seis de la tarde cuando juntamos a los compañeros. La actividad que se tenía planeada para ese día era traer autobuses nada más. Salimos en dos autobuses Estrella de Oro. Esa actividad se planeó en ese instante, pero mucho antes tuvimos una reunión con la federación de las diecisiete normales. En esa reunión planeamos la marcha del 2 de octubre en el D.F. En mi Normal, como siempre, tratamos de apoyar a las diferentes normales. Y con mi secretario, en conjunto con nuestro comité —y yo, en ese tiempo formaba parte del comité— llegamos a un acuerdo de que nosotros íbamos a juntar alrededor de veinticinco autobuses para trasladar a nuestros compañeras y compañeros de las diferentes normales. Esas actividades ya estaban planeadas, pero sólo se sabe el comité cuando se acuerdan las actividades, la base no sabe. Nosotros decidimos partir en ese ratito y hacer un comunicado a la base de que iban a salir en una actividad únicamente los chavos de primero. A los chavos de primero siempre se les saca a las actividades. A los chavos de segundo no. ¿Por qué? Porque siempre en nuestra Normal tenemos un decir de que los chavos de primero siempre deben de ir adelante. Después siguen los de segundo, al final los de cuarto. ¿Por qué? Porque son los que deben de llevar la batuta. Y en conjunto con los chavos de primero, va el comité. El comité también va al frente, y los demás van atrás.

José Luis García, 20, estudiante de primer año. Estábamos trabajando el día 26 de septiembre aquí en las tierras. Nos llamaron porque íbamos a hacer una actividad de boteo. Y pues ya nos subimos. Eran como las cinco, cinco y media de la tarde. Vinimos por playeras y nos fuimos.

Omar García, 24, estudiante de segundo año. En la mañana del 26 se intentó ir para Chilpancingo y ahí no se pudo. Lo evitaron. Y, digo, está bien, ¿no? Nos lo evitaron como deben evitarlo: sin golpes, sin nada, siguiendo estrictamente los protocolos. Nosotros nos fuimos con las manos vacías. Hasta pensábamos "¿y ahora a dónde vamos a ir, qué vamos a hacer? Tenemos que tener dos autobuses para esta tarde ya. Porque si no, no lo vamos a lograr".

Coyuco Barrientos, 21, estudiante de primer año. El pleito con mi mamá había sido como en enero. Desde entonces no había tenido comunicación con ella. En la tarde del 26 de septiembre fue que estábamos ensayando con la banda de guerra y a lo lejos vi que venía llegando ella, mi mamá. Me aparté de los compañeros, pedí permiso, y el subdirector sí me dio chance y fui a hablar con ella. Yo a ella no le comenté, bueno a casi nadie le había comentado que yo me iba a venir para acá. Solamente me enfoqué en trabajar, en guardar dinero y pues nadie sabía. Platicamos y pues después de tanto tiempo le llega a uno la… ora sí que la nostalgia. A todos los demás compañeros por lo menos los venía a ver su mamá o algún familiar, les mandaban alguna cosa, dinero, algo, o nada más les llamaban. Y uno, solo, sin nadie quien le llamara, quien le hiciera algún gesto de cariño, algo. Pues la verdad estuvo algo fuerte, porque nunca me imaginé que después de tanto tiempo fuera a llegar ella hasta acá.

Después, y habiendo concluido nuestro ensayo, me dirigí a mi cuarto a descansar. En ese entonces fue cuando empecé a ver que había movimiento. Empezaron a llamar a los compañeros, que nos alistáramos, que íbamos a una actividad. Empezamos a juntarnos, a irnos al autobús. La mayoría no sabíamos a qué actividad íbamos, nada más nos dijeron "vámonos, para acá". Posteriormente nos dijeron "vamos a Iguala, vamos a botear".

Y ya total nos acomodamos, íbamos tranquilos. Otros compañeros no habían tenido la oportunidad de salir. Era la primera vez que salían. Algunos iban platicando, otros iban echando relajo. Otros íbamos serios. De hecho ese día fue el primer día que teníamos clases algunos grupos. Y en lo personal a mí, después de tanto tiempo de no ver a mi mamá, era el mero día en que había venido ella para acá. Justamente ese día. En el camino se sentía un aire, como pesado. Estaba muy tranquilo. Noté algo raro. Pero en fin, seguimos nuestro camino.

José Armando, 20, estudiante de primer año. En la mañana habíamos recibido la primera clase. Todos en la mañana contentos nos levantamos, "no, pues ya vamos a tener clase", contentos, echando desmadre unos con otros. Recibimos la clase, salimos a comer, después fuimos a la otra clase. Después nos llamaron a módulos, que es trabajar las tierras allá en los campos productivos. Fuimos al módulo y allá estuvimos trabajando, sembramos milpa, flor de cempasúchil, flor de tapayola. Y ahí estábamos, arrancando pajón a la milpa, todos contentos. ¿Quién se iba a imaginar que iba a pasar eso? A las cinco de la tarde nos llamaron para ir a una actividad. La idea no era ir a Iguala. Se iba a recolectar autobuses por un motivo, porque Ayotzinapa iba a ser sede de una marcha del 2 de octubre que se conmemora año con año por la matanza de Tlatelolco. Y pues nos fuimos. De aquí salimos a las 6. Nos juntamos y nos fuimos en dos autobuses que teníamos aquí en la escuela, eran Estrella de Oro. Ya nos fuimos todos contentos, como siempre cuando íbamos a actividad, riéndonos, algunos peleando, así.

Germán, 19, estudiante de primer año. Estábamos trabajando en las tierras que tenemos aquí y de pronto llegaron nuestros compañeros y nos dijeron "compas, vamos a actividad, alístense todos". Nosotros salimos contentos, corriendo. Dejamos de trabajar la tierra, pues fuimos. Nos subimos al autobús, yo me iba con uno de mis compañeros que está desaparecido, de hecho cinco de mis compañeros que están desaparecidos son mis amigos. Pues con ellos íbamos echando cotorreo como siempre, ya ve cómo somos, platicando, el puro desmadre, de las morras, de todo.

Santiago Flores, 24, estudiante de primer año. Nos habían dicho que ese día en la tarde nos iban a dejar ir, salir, creo unos cinco días. Nos mandaron a módulo, módulos de producción. Nos mandaron a limpiar la milpa, ya estaba un poco grande. En la tarde ahí estuvimos, relajando con los compas, estuvimos echando relajo, limpiando la milpa. El compa de módulos nos había dicho que nomás pasando esto ya nos íbamos a ir a nuestras casas, nos iban a dar unos días de vacaciones. Pero en eso llegaron otros compas del comité y nos dijeron que había actividad. Nos dijeron que nos teníamos que ir, que era obligatorio. Nos vinimos del módulo con un compa, con un amigo, nos vinimos a cambiar, nos vinimos a poner una chamarra, un suéter, como vimos que era tarde pues se nos iba a hacer noche por allá. Mi compañero no quería ir. Está desaparecido. Se llama Jesús Jovany Rodríguez Tlatempa, el Churro le decimos, y me dijo que no quería ir. No sé si ya presentía algo, pero no quería ir. Le dije que fuéramos si no nos iban a sancionar, de hecho me dijo que sí, "vámonos pues".

Alex Rojas, estudiante de primer año. El día 26 de septiembre nosotros estábamos en club de danza cuando nos avisaron que iba a haber una actividad. No nos dijeron exactamente qué actividad iba a ser, y así nosotros, como a las seis de la tarde nos dirigimos al estacionamiento junto con otros compañeros de danza y otros compañeros de otros clubes para subirnos a uno de los autobuses Estrella de Oro, ya que eran dos. Nos subimos. Yo iba en el segundo autobús. Fuimos ahí echando desmadre nosotros, hablando con los compañeros. En ese transcurso de tiempo recuerdo que el compañero con el que iba era uno de con quienes más me llevaba. Ese compañero es del pueblo de Apango. Y ya pues íbamos hablando de que no nos íbamos a separar y que íbamos a andar siempre juntos. Dije que, por cualquier cosa, nos íbamos a venir luego, porque por ahí comentaban que nos dirigíamos allá para traer, me parece, que dos o tres autobuses para trasladarnos el día 2 de octubre a la marcha para conmemorar la matanza estudiantil ahí en la plaza de Tlatelolco. Entonces nosotros quedamos en que si era para secuestrar, nosotros nos íbamos a venir en el primer autobús que se agarrara, para que llegáramos pronto y no hubiera más problemas. Mi compañero, el que iba conmigo, se llama Miguel Ángel Mendoza. Él está desaparecido.

Andrés Hernández, 21, estudiante de primer año. Esa tarde yo, como pertenezco al club de danza, había terminado de ensayar. Terminamos de ensayar, bajamos aquí a los cubículos y nos llamaron, que iba a haber actividad. Entonces nosotros lo que hicimos fue ir, pues.

Carlos Martínez, 21, estudiante de segundo año. Cada año se conmemora la masacre del 2 de octubre en la Ciudad de México. Van muchísimas organizaciones de dentro y fuera del Distrito Federal. Como parte de ese compromiso que tenemos de asistir, también es necesario lo de tener camiones para la marcha. Lo que pasa es que llevamos muchísimo tiempo pidiendo al gobierno estatal camiones para movernos. Por ejemplo, esa semana del 22 al 25 de septiembre nosotros fuimos a nuestras observaciones a un lugar que se llama Copala, en la región Costa Chica de Guerrero. Cuando uno va a esas observaciones pues hay de dos: o te vas pagado o le buscas a ver cómo te vas, porque el estado no te paga los viáticos, el hospedaje, ni la comida. O sea, ellos nada más te mandan y pues ya. Nuestras prácticas ya habían pasado esa semana del 22 al 25, pero venían las observaciones de los compañeros de primero y por lo tanto ellos fueron a la actividad, porque es una tradición. Si los que van a practicar son de tercero, ellos tienen que ir por los camiones, si los compañeros que van a practicar son de segundo, los de segundo van por los camiones, si los compañeros que van a practicar o a observar son de primero, ellos van por los camiones. Es una tradición que se va dando. Por lo tanto, la idea que se tenía era ir por los autobuses para la marcha del 2 de octubre y para las observaciones de los mismos compañeros.

Llegamos nosotros el 25 en la noche de las observaciones. Estaba muy cansado, así que me dormí. Desperté el 26 de septiembre por la mañana y fui a Chilpancingo a realizar unas compras y ya me regresé como a eso de las tres o cuatro de la tarde. Iba bajando por las escaleras y me encontré al compañero Bernardo, el de segundo que está desaparecido. Me encontré a Bernardo y me dijo que lo acompañara. Yo le dije que tenía que hacer muchas cosas, que tenía que hacer lo del informe, un documento que nos piden cuando vamos a nuestras prácticas. Pero pues él me dijo que lo acompañara, que iba a ser un rato nada más, que iba a ser rápido y que íbamos a tener el sábado y el domingo para hacer los trabajos. Así que yo le dije "pues vamos". Salimos de ahí del estacionamiento de la Normal como a las cinco quizá, cinco de la tarde. Tardamos todavía un tiempo, mucho tiempo en llegar a Iguala porque estaban haciendo reparaciones en una parte de la carretera de Iguala y ahí estuvimos como una hora y media quizá. Estuvimos mucho tiempo ahí esperando a que terminaran, a que dieran el paso. Íbamos animados.

Los compas de primero iban echando relajo, bromeando entre ellos. Nadie se imaginaba que iba a pasar lo que pasó. Ya cuando llegamos a Iguala nos desviamos, nos dividimos. Íbamos dos camiones Estrella de Oro, un camión se quedó en Huitzuco para realizar un boteo, y el otro camión, donde iba yo, se fue a la caseta de Iguala. Y cuando llegamos ahí comenzó a oscurecer. La idea era quedarnos ahí y tomar un autobús.

Oscar López Hernández, 18, estudiante de primer año. Ese día el 26 de septiembre nosotros estábamos trabajando como siempre. Nos ponemos a trabajar en las tardes, y ese día nos avisaron los del comité, dijeron "¡paisa, jálense!" Nosotros estábamos trabajando allá en las segundas tierras y nos gritaron "¡Paisa, jálense! ¡Actividad! ¡Va a haber un toma, van a secuestrar autobuses!"

Miguel Alcocer, 20, estudiante de primer año. Ese día 26 amaneció, nos paramos temprano para ir al comedor a las siete, creo. De ahí teníamos clase, pasamos a las clases. Acabaron las clases con los profes, hasta nos dejaron tarea. Como aquí hay cinco ejes, que son el de módulos de producción, la academia, la banda de guerra, la rondalla y la danza, yo me metí en danza. Acabaron las clases, después teníamos ensayo de danza. Ensayamos y a las cinco salimos. Pasamos al comedor otra vez, ya ahí como ya nos habían dicho que íbamos a ir después a observar qué cosas hacía un maestro, queríamos dos autobuses porque no teníamos. Salimos de aquí como a las seis, rumbo a Iguala, a traer los autobuses pues para nuestras observaciones.

Uriel Alonso Solís, 19, estudiante de segundo año. El día 26 de septiembre, pues yo recuerdo que nosotros de segundo habíamos ido a observar en las escuelas primarias en la Costa Chica. Me acuerdo mucho de esos días en las comunidades. Vine el día 26 como a las tres de la tarde. El compa que iba encargado de esa actividad está desaparecido, nosotros le decimos el Cochiloco, Bernardo Flores, de segundo año. Él me mencionó que iba a haber una actividad en la tarde. Y la verdad sentía ganas de quedarme. Tenía un presentimiento de que algo iba a pasar. Lo primero que me vino a la mente era que íbamos seguramente a enfrentarnos con antimotines. Pero pues me acordé de que nosotros de segundo siempre tenemos que estar enfrente en los chingadazos. Corriendo con los compas de primer año. Abordamos los dos autobuses de la línea de Estrella de Oro aquí de la Normal. Salimos rumbo a Iguala. No fuimos a Chilpancingo porque en días anteriores habíamos tenido enfrentamientos con policías. Entonces decidimos no ir allí porque seguramente había muchos policías, mucha fuerza policiaca que nos iba a reprimir. Nos fuimos de aquí a las seis. En el transcurso del camino todo era así como muy divertido. Todos íbamos jugando, íbamos echando desmadre. Poníamos la música a todo volumen con los choferes. Era todo alegre, desmadre. Alegría, risas.

Iván Cisneros, 19, estudiante de segundo año. Ese día el compañero presidente del Comité de Lucha aquí en la Normal me había pedido que lo acompañara para coordinar la actividad. Yo le dije que sí porque acabábamos de llegar un día antes de nuestras prácticas de observación. Pero le dije pues que fuéramos rápido porque necesitaba hacer mi reporte y mi informe, porque ya lo querían para el lunes. Recuerdo bien que le dije que sí. "A las cinco salimos", me dijo. Le dije "ah, okey, está bien". Después yo iba para mi cubi. Cuando ya iban a ser las cinco, me topé con el secretario de Lucha, al que le decíamos nosotros Cochi, un compañero desaparecido que se llama Bernardo, también de segundo. Él me dijo "oye paisa, vamos a la actividad, vamos a traer los buses", y yo le dije "simón, vamos". Y que fui, pues, y les avisé a otros compañeros del comité de orden. Ahí le pregunté al presidente, le dije:

—Oye carnal, ¿qué onda? ¿No que ibas a ir tú?

—Hazme el paro, yo tengo una salida a Chilpo, te encargo.

—Simón, no hay bronca.

Fuimos, y en ese momento el Cochi me dijo:

—Compa, necesito más gente porque vamos a ir por unos buses.

—Ah, sí, no hay bronca.

—Préstame a los activistas.

—No me compete a mí, le compete al Copi —y ahí estaba el compa al que había encargado el Copi y le preguntó a él.

—Oye, préstame los activos para que vayamos a traer unos buses.

El Copi me preguntó directamente a mí: "Oye, ¿vas a ir tú?"

—Sí, voy a ir— le dije.

—Sale, pues, llévatelos.

Ya ahí los chavos pues salieron y se subieron al autobús.

El ambiente que teníamos en el autobús era un ambiente chingón, la verdad. Estábamos echando desmadre. Éramos dos autobuses, dos Estrellas de Oro. Yo iba con el chofer al que le decían Chavelote y atrás en el otro autobús venían dos choferes. A uno le decían el Ambulancia y al otro le decían el Manotas. El que traía el bus era el Manotas, ya el Ambulancia nada más vino para el desmadre, pues. El ambiente te digo que era a todísima madre. Los chavos de primero iban relajeando, nosotros también íbamos adelante echando desmadre. Ya los que se iban con el Manotas y con el Ambulancia se quedaron en lo que es el Rancho del Cura, ahí, a botear y ya nosotros nos fuimos a la autopista para traernos unos autobuses. Nos paramos, ya nada más estábamos que llegaran los autobuses para traerlos. Pero ahí notamos algo raro. Cuando empezaron a llegar unos autobuses allá en la autopista, los policías federales bajaban a la gente y regresaban los autobuses, y la gente se venía caminando desde la caseta. Yo ahí le dije al Cochi "no pues esto ya valió, no vamos a poder llevarnos ninguno". Nosotros nos íbamos a venir para la Normal cuando nos hablaron de que a los otros compañeros que habían tomado un autobús y que ya iban a dejar a la gente a la terminal los habían agarrado. Así que pues nosotros nos fuimos rápido, nos fuimos directamente a la terminal para sacar a los compañeros pues que estaban ahí.

Oscar López Hernández, 18, estudiante de primer año. Allá en Huitzuco empezamos a secuestrar autobuses. Primero agarramos un Costa Line. En ese momento le pedimos al chofer que se fuera a la Normal con nosotros porque iba a ser un evento para el 2 de octubre, la marcha que se hace cada año. Y sí, dijo que sí el chofer y se subieron diez compañeros porque la gente, la que iba abordando ahí en el bus, la iba a dejar en la orilla de Iguala. Se subieron diez compañeros, pasaron como unos diez minutos y los compas no habían llegado y el comité dijo "marquen a esos compañeros", porque ya había pasado la hora. Nosotros nos tratamos de comunicar con los compañeros y nos llamó uno de los compas, dijo "compas, tenemos problemas aquí los de seguridad, ya no nos deja el chofer, ya nos encerró en el bus".

Uriel Alonso Solís, 19, estudiante de segundo año. Primero llegamos al paradero de Huitzuco y llegó el primer autobús. Hablamos con el chofer y nos dijo que sí. Fuimos como cinco los que nos subimos. Llegamos a la central y es cuando dijo que ya no. "No, pues, no, es que no se puede…" Se arrepintió y dijo que ya no. Y nosotros como ya estábamos ahí y no trajimos ni dinero para salir, marcamos a los compas y dijimos "saben qué, vénganse. Estamos aquí en la central. El chofer ya se arrepintió. Nos quedamos encerrados en el autobús, pues porque el chofer se bajó. Nos dejó encerrados". Dijeron los compas, "Ah, aguántense, ya vamos". Y es cuando ya vinieron.

Edgar Yair, 18, estudiante de primer año. Nos fuimos cerca de las cinco y media me parece. De aquí salimos del estacionamiento. Se fueron dos autobuses, yo iba en el segundo. Íbamos medio apretados en el autobús, íbamos varios. Llegamos a la entrada de Iguala. Nos bajamos donde íbamos a realizar la actividad. Llegamos ahí cerca de las seis o siete de la noche. Estuvimos, y cerca de las ocho pasó un autobús. Nos iba a echar la mano para apoyarnos pues para la marcha. Pero traía pasajeros. Así es que necesitaba ir a dejar a los pasajeros a su destino, que era la central en Iguala, Guerrero. Diez de nuestros compañeros se subieron, aproximadamente diez. Se fueron y nosotros nos quedamos ahí mismo en el lugar donde estábamos. Bueno, cerca de una hora estuvimos ahí parados y vimos que no llegaron nuestros compañeros. Ya era de noche, ya estaba oscuro. Pues nos llegó una llamada de un compañero, que los habían retenido en la central de autobuses. Nosotros para ir a liberarlos tuvimos que irnos. Nos fuimos. Llegamos allá y todos nos cubrimos el rostro con nuestras mismas playeras, para que no nos identificaran, para cubrir nuestra identidad. Estuvimos ahí exigiendo que liberaran a nuestros compañeros. Por fin los liberaron, pero nosotros ya enojados agarramos tres autobuses más de ahí de la central. Los tomamos a la fuerza con los choferes. Dos autobuses le dieron para otro lado y a los tres autobuses les dimos hacia la avenida Juan N. Álvarez.

Alex Rojas, estudiante de primer año. Se pararon los dos autobuses por una parte de la carretera que está así en línea recta por Huitzuco, por donde está un restaurante, me parece que se llama La Palma. Ahí nos paramos en el restaurante. Está una capilla también a donde varios de nosotros que creemos fuimos, nos persignamos y todo. El primer autobús se fue, no tengo información bien a qué parte se fue, la cosa es que se fue con dirección a Iguala y me parece que ellos entraron a Iguala por la caseta, me parece que iban a la caseta para hacer la actividad. Nosotros nos quedamos ahí por esa parte del restaurante, donde hay carretera así recta, para evitar algún accidente. Empezamos a hacer la actividad y sí, pasó un autobús al cual lo tomamos nosotros. Bueno, traía pasajeros y pues para no afectar a los pasajeros, a los usuarios, decidimos ir a llevarlos hasta la terminal. Yo me subí a ese autobús con otros siete compañeros y uno más del comité. Nos subimos y nos fuimos. Yo iba hablando con algunos de los pasajeros de ahí que iban para Iguala. Ellos me iban comentando pues que tenían miedo, que no les fuéramos a hacer nada. Yo les comenté que no se preocuparan, que nosotros nunca atentábamos contra los ciudadanos, contra el pueblo, que simplemente hacíamos esa actividad porque era necesaria ya que no contamos en la escuela con vehículos para

transportarnos y hacer las actividades, ya sea para ir a
la marcha, para conmemorar la masacre, o actividades
de boteo, o para prácticas de nuestros compañeros de
segundo, tercero y cuarto. Entonces eso le iba comentando a la señora y a otras personas que iban ahí, que
no se preocuparan, que nosotros nunca hemos tenido
la intención de afectarlos y menos de dañarlos, que nosotros éramos chavos que simplemente estábamos en la
Normal para estudiar, pero que es muy necesario hacer
esto para ir sacando adelante nuestras actividades y para
asistir a algunos eventos también a las diferentes normales. Eso es lo que fui platicando. Fuimos hablando bien,
varios pasajeros nos hablaron bien. "Sí, muchachos, está
bien pero aun así nosotros nos espantamos por esto", dijeron, "que pararon el autobús". Les dije "no se preocupen, nosotros vamos hasta la terminal, allá los dejamos
sin ningún problema y nosotros seguimos con la actividad así como se ha hecho año con año, una actividad
normal".

Llegamos hasta la terminal y sí, se bajaron todos. Nosotros permanecimos arriba y le dijimos al chofer que
nos teníamos que regresar. El chofer dijo "sí, espérenme
un momento". Así fue como estuvimos esperando. Él regresaba y decía "espérenme, ahorita ya nos vamos", pero
después, al paso de unos quince minutos, pues nos in-
comodó que no quisiera regresar ya. Nosotros le dijimos
"¡vámonos ya, chofer!", pero el chofer decía que no, que
le tenían que dar autorización, y bueno, estaba haciendo
tiempo. Ya no quería salir. Así fue como se llamó a nuestros compañeros para que nos brindaran apoyo ya que

nosotros nada más éramos ocho chavos, con los del comité, nueve me parece. Les marcaron a los que andaban haciendo actividad de boteo.

Erick Santiago López, 22, estudiante de segundo año. En ese rato, empezó a haber muchas cosas extrañas. Ya estábamos en la parte de la caseta de Iguala. Empezó a pasar una moto color rojo. Y al poco rato pasó una camioneta de la policía federal donde... Esa camioneta se pasó al otro lado de la caseta y empezó a parar todos los autobuses. Empezó a bajar a toda la gente de todos los autobuses, Estrella, Futura, Costa Line, Diamante, de lo que viniera. Empezó a pararlos. Y nosotros nos dimos a la idea de que eso se iba a complicar. Y de que ya no nos iban a dejar agarrar autobuses. Al poco rato mi compañero, uno que estaba de comité que se quedó en la parte de Huitzuco, le marcó a mi camarada diciéndole que los compas habían agarrado un autobús, era un Costa Line, de acá de la parte de Huitzuco, pero que llegando a la terminal los habían detenido. Estaban detenidos.

Santiago Flores, 24, estudiante de primer año. Nosotros nos fuimos a la caseta de Iguala. Estuvimos relajando con el Churro, estábamos echando relajo con él. Pero en eso andaban rondando las patrullas, se andaban paseando y pues de hecho a mí como que me dio miedo verlas. Lo que hice fue ver por dónde irme, pensando "no pues si vienen voy a correr pa' acá o me voy para allá, voy a agarrar piedras aquí". Atrás estaba una barda y atrás estaban creo construyendo, había muchas piedras así como tabique ya destrozado. Pensé "no pues ahí hay piedras". Pero no, no pasó nada. De hecho en la caseta, cuando pasaban los buses, no pasaban en la caseta, se regresaban porque el pasaje lo bajaban y el autobús no pasaba la caseta. Les preguntábamos a los pasajeros que por qué no pasaba el autobús y contestaban que porque decían que se había descompuesto. En eso estuvimos un rato ahí, después nos dijeron que nos subiéramos otra vez al autobús, que íbamos a ir a la terminal.

Carlos Martínez, 21, estudiante de segundo año. Ya caída la noche empezaron a pasar varias patrullas de la policía federal. Pasaban y lo que hacían era detener a los autobuses antes de la caseta y bajar a la gente. La gente se iba caminando y los autobuses los regresaban. Así le hicieron los policías al menos con unos tres autobuses. Y nosotros le preguntamos a la gente que iba pasando "oiga, ¿y por qué los bajaron?" Nos decían "los federales nos dijeron que nos bajáramos y que nos fuéramos caminando". Nosotros estábamos del lado de Iguala y los federales estaban deteniendo los autobuses que venían llegando a Iguala de Acapulco, de toda esta parte, Tierra Colorada. A los que venían de todos esos lugares los detenían. Se iban caminando los pasajeros y se regresaban los camiones. Y ya entonces dijimos "no, pues saben qué, hay que irnos porque no se va a hacer nada ya, pues ya mañana venimos o a ver cómo le hacemos en otra ocasión". Ya estábamos en ese entendido de que nos íbamos a venir, pero en ese momento le llamó al compañero Bernardo un compañero que estaba ya en el otro camión en Huitzuco y le dijo "oye, estoy aquí en la terminal, me agarraron". Nosotros le dijimos "no pues espérate ahí, ahorita vamos por ustedes". Todos los chavos nos subimos al camión, y nos fuimos todos a la terminal.

Germán, 19, estudiante de primer año. Ahí en la central fue cuando perdí a mis amigos, yo ya no supe de ellos, en la terminal, ahí nos apartamos, no supe qué pasó con ellos. Yo me subí al autobús. Veníamos y me bajaba de repente y me volvía a subir. En la plaza empezaron los disparos, y nosotros ya pues les gritábamos que nos dejaran, que nomás íbamos de salida. Y nos metíamos y ya pues, tanto balazo, balazo, los compas que iban corriendo se subieron a los autobuses. Ellos iban haciendo la lucha de hablar con los policías, que se hicieran a un lado para que nos dejaran pasar, porque nosotros ya nos queríamos venir, ya teníamos metido el miedo.

José Armando, 20, estudiante de primer año. Sacamos otros tres autobuses y ya veníamos saliendo. Unos le dieron por el sur, un Estrella de Oro y un Estrella Roja y ya nosotros salimos para el norte para ir al Periférico y salimos los tres. Primero iba un Costa Line, después otro Costa Line y el tercero era el Estrella de Oro. Ahí veníamos, yo venía en el tercero cuando de repente, ya cuando íbamos saliendo a la terminal ya así en fila, empiezan a llegar los policías a dispararnos. En ese instante, porque llegaron agresivos así nada más a dispararnos con armas de fuego y nosotros no llevábamos nada, porque pues nosotros somos estudiantes, ya nos bajamos y nos quisimos defender con piedras para hacerlos a un lado y pasar. Yo me bajé. Los del tercer autobús casi no se bajaron, los compañeros se quedaron ahí porque pues sí tenían miedo. Unos cuantos sí nos bajamos, agarramos piedras y les tirábamos para que se orillaran y pasáramos.

Iván Cisneros, 19, estudiante de segundo año. Llegamos a la terminal, ahí tenían a los chavos recluidos. Sacamos a los chavos. Una vez estando adentro en la terminal el Cochi dijo "de una vez hay que llevarnos unos autobuses". Los choferes estaban ahí. Agarramos los dos Costa Line y un Estrella Roja. El Estrella Roja salió por un lado y nosotros salimos por otro, por donde se entraba. Nosotros nos fuimos derecho de donde estaba la terminal, todo derecho para salir a la capital. Los otros compas le habían dado por donde es la salida. En el camino se nos separó un Estrella de Oro. Entonces íbamos nada más los dos Costa Line y un Estrella de Oro.

Alex Rojas, estudiante de primer año. Llegaron. Se habló ahí con el encargado. Él dijo que no quería tener problemas pero que el autobús no estaba en servicio, creo que necesitaba un líquido no sé qué y por eso no lo podían llevar. Le dijeron los compañeros que no había problema, que podían conseguir ese líquido. Luego miramos que el encargado de la terminal empezó a hablar por teléfono, los guardias empezaron con sus radios, luego nos imaginamos que estaban llamando no sé a quienes pero estaban llamando a gente o le estaban avisando sobre la situación. Nosotros lo que hicimos fue salir lo más pronto posible con los dos autobuses Costa Line. Recuerdo que estaba el autobús Estrella de Oro afuera, por la calle, parado y los dos Costa Line que pretendíamos traernos para la Normal. Se subieron varios compañeros, yo me iba a subir en el primer Costa Line pero no quise. Así fue, le pregunté a un paisa del comité que si nada más esos dos autobuses se iban a necesitar o íbamos a traer otro. Me respondió que íbamos a tomar un Estrella Roja también y así fue, tomamos el Estrella Roja. Los dos autobuses Costa Line salieron antes, un poquito antes, uno o dos minutos antes me parece, tiempo suficiente para que salieran en caravana en conjunto con el Estrella de Oro. Así salieron los tres autobuses, pero hasta donde yo sé, el chofer del primer autobús que iba de los tres los fue metiendo más por Iguala. En vez de sacarlos por el Periférico Sur, rumbo a Chilpancingo, los fue metiendo para salir a la desviación que es por Tierra Caliente, los fue metiendo para allá. Entonces nosotros salimos con el Estrella Roja por la Aurrera que está en el centro, ahí directo y rápido, nos venimos para el Periférico Sur.

Carlos Martínez, 21, estudiante de segundo año. Ahí en la terminal dijo un compañero que agarráramos los autobuses "hay que tomarlos de aquí, los tomamos y nos vamos". Ya era noche. Nos fuimos a bordo de los autobuses. Yo me subí en el primero junto con otros, quizá seis o siete compañeros nos subimos. Ahí yo vi que abajo estaba el compañero Bernardo dirigiendo, él estaba coordinando la actividad. Quise bajarme para apoyarlo, para ayudarle en algo, pero los compañeros de primero no me dejaron. Yo les decía "denme chance, voy a bajar", o "háganse a un lado", y no me escuchaban, así que lo que hice fue quedarme ahí. Y ese autobús fue el primero de los que salió, iba a la cabeza, el primer autobús que sale en las fotos y todo, yo iba ahí junto con otros compañeros. A Bernardo ya no lo vi. La imagen que tengo de él es ahí abajo dirigiendo todo.

Coyuco Barrientos, 21, estudiante de primer año. Llegamos a la central y comenzamos a dispersarnos. Algunos compañeros estaban adentro. Ya empezamos a sacar los autobuses. En total sacamos tres. E íbamos otros dos autobuses de aquí de la Normal. Fueron cinco. Emprendimos la marcha. Se adelantaron los primeros dos autobuses. Y no me quedé en el tercero de los cinco. Iba en medio, pero los dos primeros le dieron por una calle y los demás no vimos por dónde le dieron. Así que llegamos al punto donde está el Zócalo. Y así que el conductor iba muy despacio. No avanzaba mucho. Y a mi parecer eso fue lo que les dio tiempo a las autoridades para llegar y querer desalojarnos. El chofer iba a vuelta de rueda. Yo iba en medio del autobús y les gritaba a los demás compañeros que iban enfrente que el chofer le pisara o que lo quitaran y que se lo llevaran ellos, que se apurara. Que porque si no, nos iban a agarrar ahí. Y el chofer más despacio le daba, no hacía caso. En parte yo le echo la culpa al chofer porque les dio tiempo de llegar. Nomás que en esa noche, nosotros no sabíamos, nadie sabía que había una actividad por parte del gobierno, que estaba la directora del DIF dando su discurso, su informe de gobierno, justamente en el Zócalo. De hecho, muchos diarios cuentan que nosotros íbamos en manifestación. Pero el caso no era así. Nosotros nomás íbamos a lo que era nuestra actividad, botear y sacar autobuses, y ya. Nosotros no estábamos enterados de la actividad que tenía el gobierno.

Santiago Flores, 24, estudiante de primer año. Nos subimos al autobús y nos fuimos. El chofer no quería arrancar porque decía que estaba enfermo o algo así, que iba a ir por unas pastillas, iba a ir al doctor, eso es lo que estaba diciendo. No quería y no quería y un compa de aquí del comité le quitó las llaves y le dijo que él se lo iba a llevar. Dijo "si no quieres, yo me lo llevo". El chofer dijo que no que porque si abandonaba la unidad lo iban a hacer responsable a él, creo, en eso dijo "no, yo me lo llevo". Cuando íbamos saliendo lo raro del chofer es que dijo que él no podía porque no sabía cómo salir de ahí, que no se sabía la ruta. Eso fue lo raro, que dijo que no sabía por dónde salir. Le estaban diciendo que si él trabajaba aquí sabía por dónde entrar y por dónde salir y él decía que no, que no sabía, que no sabía cómo salir, que no conocía las calles. Salimos pero ya bien despacito, el chofer iba despacito. En eso, creo está como un… qué será, creo que en el centro ahí está como una plaza, creo, un zócalo. Yo iba en los asientos de la ventana y me fijé que había gente cenando. Avanzamos unos cuantos metros y empezaron a tirar y se escuchaban como cuetes. Yo pensé que eran cuetes pero decían "nos están tirando".

Juan Pérez, 25, estudiante de primer año. Fuimos hasta la central, salimos de ahí y cada quien se subió a los autobuses. En algunos autobuses se subieron veinte, en algunos se subieron quince, en algunos se subieron diez, y así. Salimos de la central y nos dimos cuenta que atrás de los autobuses venían patrullas. A unas cuadras se atravesó una patrulla, de esa patrulla salió un policía corriendo y disparando al aire. Yo iba en el primer autobús. Nos bajamos todos los compañeros para mover el carro, la patrulla, para moverla, ya que la estábamos moviendo, el chofer arrancó la patrulla y se fue. Seguimos. Estábamos preguntando porque estábamos perdidos, preguntamos a un señor "¿oiga, usted, señor, disculpe, ¿la salida para Chilpo?" Nos dijo "sí, sigan directo".

Coyuco Barrientos, 21, estudiante de primer año. Entonces llegó una patrulla de policías municipales y se nos cruzó en el camino justo en el Zócalo. Se bajaron los policías que iban atrás y se quedó solamente el conductor. Así que los compañeros que iban al frente en el autobús con las piedras empezaron a quitarlos pues. Porque los policías comenzaron a disparar. Primero al aire, después empezaron a disparar hacía nosotros. Fue por eso que los compañeros accionaron. Les tiraron piedras, destrozaron el parabrisas de la patrulla. Los demás policías corrieron. Otros policías se fueron corriendo hacia el Zócalo, disparando hacia atrás sin fijarse qué podría haber, pues podían haber herido a alguna otra persona que no tuviera nada que ver. Bueno, total, el conductor quitó la patrulla y nosotros seguimos avanzando. Los compañeros que estaban abajo no se subieron, iban abajo, pues, corriendo para repelar otro ataque. Seguimos avanzando.

Carlos Martínez, 21, estudiante de segundo año. El tipo del autobús nos decía que él no sabía andar en Iguala, que el autobús no servía, que tenía un compromiso con su esposa a tal hora, bueno, un sinfín de pretextos y eso hacía que el autobús fuera muy lento. Él a propósito manejaba lento el autobús como si supiera algo, no sé, manejaba el autobús bien lento. Ya al estar ahí, se atravesó de golpe una patrulla. Vi por la ventana del autobús cuando se atravesó la patrulla enfrente de nosotros y se bajaron varios policías apuntándonos. Se bajaron los compañeros. Empezaron a disparar al aire, empezaron a escucharse muchos, muchos disparos, demasiados. Fue donde comenzó la primera balacera. Yo me bajé y cuando empezaron a disparar lo que hice fue tirarme al suelo y las balas golpeaban los vidrios, se escuchaba donde golpeaban los vidrios y aquí en la espalda me caían los pedazos. Ya entonces como a unas... no recuerdo cuántas cuadras, fueron pocas la verdad, fueron pocas cuadras, yo escuché música. Empecé a escuchar música y volteé a ver y me di cuenta de que era el Zócalo de Iguala, pero la gente corría y la música de un momento se apagó y toda la gente empezó a correr. Ya para ese momento todos los demás compañeros íbamos corriendo, íbamos huyendo y nos disparaban. Pasamos todo el Zócalo, yo recuerdo que iba corriendo también con varios compañeros de primero, crucé el Zócalo y lo que hicimos fue subirnos al primer autobús. O sea, iba el autobús caminando y ya lo que nosotros hicimos fue alcanzarlo y subirnos, y el autobús siguió la marcha, en el primero igual que antes.

Pero hay algo raro, ahí yo me he fijado de algo muy raro. Cuando íbamos avanzando sobre la avenida hubo un momento en que las patrullas ya no se nos atravesaron. Las patrullas se quedaban a un lado del camino y dejaban pasar el autobús. Ya no nos interceptaban ni nada. Yo eso lo noté al menos como en dos calles así, las patrullas estaban a un lado de la calle, o sea cerrando la calle, estaban en medio de la calle cerrándola y nos dejaron el paso como si nos estuvieran guiando ahí a la avenida Álvarez.

Miguel Alcocer, 20, estudiante de primer año. Empezaron a tirar los policías. Decían los compañeros que eran disparos al aire y yo digo que sí eran. Llegaron hartas patrullas. Iban tres autobuses como una caravana y yo iba en el primero. Yo no sé mucho de Iguala pero agarramos una calle derecha y en esa calle derecha, en las esquinas, nos salían los policías municipales. Ya entonces iban directo hacia nosotros las balas. El chofer todavía seguía manejando derecho y ya nomás salían patrullas y nos disparaban. Unos compañeros, ya con la presión de que te iban tirando, se bajaron y agarraron unas piedras. Creo que ahí donde está un zócalo, no sé qué cosa había pero había como fiesta ahí y había mucha gente. Ahí se nos atravesó un policía municipal, la camioneta se atravesó y ya nos empezaron a tirar de frente, y nos tiraban de atrás. Ya no podías correr, entonces unos compañeros alcanzaron a agarrar unas piedras de las que vieron ahí, se las tiraron a la patrulla y le quebraron el cristal, entonces ahí se quitó el policía y seguimos todavía la trayectoria derecho.

Edgar Yair, 18, estudiante de primer año. Los balazos los tiraban al aire primero. A nosotros no nos dieron temor porque nunca... pues nosotros sabíamos que no nos podían disparar porque nosotros somos estudiantes y no pueden hacer eso a personas como nosotros. Seguíamos nuestro paso y en cada esquina que pasábamos, se nos atravesaban patrullas, y cada vez los balazos iban más directo a nosotros. Nosotros con piedras... lo que encontrábamos, pues se lo aventábamos a los policías porque ellos nos estaban tirando balazos. Iban tres autobuses en caravana. Yo iba en el segundo. Nosotros pasábamos por toda la avenida y a los policías tampoco les importaba que había gente, había niños, señoras, había de todo. Y ellos no respetaban que había esa gente. Nosotros cuando íbamos en el camino no nos importaba nada, porque lo que nos importaba era salir de ahí ya.

Iván Cisneros, 19, estudiante de segundo año. Llegamos a la altura de lo que creo que era el Zócalo, o algo por el estilo porque no alcancé a ver bien, cuando empezaron a llegar las primeras patrullas de los municipales. No nos marcaron alto, nomás se atravesaron y empezaron a apuntar y a cortar cartucho. Y allí fue cuando nosotros nos prendimos porque sí, anteriormente a nosotros los federales, cuando estamos boteando, llegan con esa misma actitud, llegan y cortan cartucho, pero nosotros al instante contestamos "somos estudiantes, no tenemos armas". Y ahí es cuando ya como que le piensan, y el comandante o quien los esté dirigiendo les dice, pues, que bajen sus armas. Y eso fue lo que hicimos porque ya es casi como un tipo de fuero, pues, al decir "somos estudiantes y no tenemos armas" y les mostramos las manos de que no estamos armados, ya ahí, antes, pues los policías bajaban sus armas, y ya se tendría que haber empezado un diálogo como hemos hecho antes, pues, con los policías estatales ahí en Chilpo que nos dicen "jóvenes, no pueden agarrar los autos así, tienen que hacer un convenio con la empresa y bla, bla, bla", cosas así. Pero en ese momento no, nosotros dijimos "somos estudiantes, no tenemos armas" y les valió madre, nos seguían apuntando y ahí fue cuando se empezaron a escuchar los primeros balazos por la parte de atrás. Les dije a los chavos que se bajaran y que agarraran piedras. Empezamos a apedrear las patrullas que estaban bloqueándonos el paso. Esa patrulla se fue pero los balazos seguían en la parte de atrás. Seguían pero yo creía que eran balazos al aire, en ese momento nosotros seguimos deteniendo el tráfico para que el autobús avanzara. En todo el trayecto se escuchaba los balazos cómo tronaban.

Ernesto Guerrero, 23, estudiante de primer año. Saliendo de la terminal avanzamos como cuadra y media y nos salieron en el camino las dos primeras patrullas. En ningún momento nos marcaron el alto, en ningún momento intentaron hablar con nosotros, simplemente accionaron sus armas en contra de nosotros. Dispararon al aire. Nosotros nomás íbamos en tres autobuses, los dos Costa Line que habíamos tomado y un Estrella de Oro que iba hasta atrás, ése era el tercer autobús y yo iba ahí. Cuando escuchamos los disparos un compañero de nosotros de la academia de segundo nos dijo "no se asusten, paisas, son disparos al aire". Pero cuando nos bajamos vimos que no sólo eran al aire, sino también contra el autobús, incluso eran disparos contra nosotros. Ahí es cuando tomamos la decisión de empezar a defendernos. ¿De qué manera? En el camino yo encontré cuatro piedras y cuatro piedras fueron las que arrojé. Pues no nos quedaba de otra, era defendernos con los medios con que pudiésemos o dejar que nos mataran sin defendernos. Al menos yo soy de la idea de que si me van a matar, por lo menos que sea defendiéndome. Y pues cuatro piedras encontré y cuatro piedras arrojé. Era evidente que los policías municipales querían quitarnos la vida. Los disparos eran contra los autobuses y contra nosotros que estábamos abajo. Ya es cuando entonces tomamos la decisión de regresar a los autobuses. Avanzamos un tramo, los policías municipales de Iguala venían disparando todavía a los autobuses. Ya yo no encontré ninguna piedra. ¿Con qué me iba a defender? Me eché a correr. Se cerró la puerta del tercer autobús. El segundo llevaba la puerta cerrada. Llegué hasta el primer autobús corriendo y ahí es cuando me subí y quedé en la entrada, en la puerta del primer autobús.

Andrés Hernández, 21, estudiante de primer año. Al primer autobús, en donde iba yo, ya le habían ponchado las llantas. Me percaté cuando llegó una patrulla y se estacionó luego ahí para taparnos el paso. Los policías lo que hicieron fue salirse de la patrulla y esconderse en las esquinas y dispararnos. Entonces lo que hicimos nosotros fue correr hacia la patrulla para hacerla a un lado.

La estábamos levantando y en eso llegó otra segunda patrulla a unos escasos seis o siete metros de distancia, llegó y nos disparó de forma brutal, así, sin pensar. Nos disparó y fue cuando cayó el primer compañero que era de mi sección, llamado Aldo Gutiérrez Solano. Entonces me percaté de que estaba caído y pues, no sé, nos dio mucho coraje, queríamos salir pero no, nos corretearon a punta de balas y nos fuimos a esconder atrás del primer autobús. En el caso mío, ahí estuve atrás del primer autobús, refugiándome.

Carlos Martínez, 21, estudiante de segundo año. Llegamos por la avenida Álvarez. Por la ventana alcancé a ver el Periférico. Faltaba muy poquito para llegar y fue ahí cuando se nos atravesó otra patrulla, una camioneta tipo Ranger de la policía municipal. Pero ocurrió algo raro ahí. Llegó la patrulla con un tipo manejando, y el tipo se bajó y huyó y dejó la patrulla ahí, a diferencia de la primera vez que el policía mismo se llevó la patrulla, éste la dejó ahí en medio de la calle y ya nosotros nos bajamos. Me bajé yo, se bajó Aldo, el compañero Malboro, bueno, se bajaron varios e intentamos mover la camioneta. Haga de cuenta que ésta es la camioneta, ésta es la cabina, ésta es la parte de atrás y yo estaba aquí así moviendo la camioneta, enfrente de mí estaba Aldo, intentamos mover la camioneta para salir del paso. Y entonces yo escuché cuando empezaron disparos, así, fuertes. Yo me agaché así y cuando miré al suelo fue que cayó Aldo con el disparo en la cabeza y le brotaba muchísima, demasiada sangre, demasiada. Yo me quedé como unos tres segundos en shock, tres segundos me quedé mirando el cuerpo y los disparos se oían y yo parado ahí, o sea mirando, y por fortuna no me tocó ningún disparo.

"¡Corran!", dijimos, "¡corran!" Nos fuimos atrás del autobús, en el espacio entre el primero y el segundo autobús,
ahí nos quedamos toda la balacera. En ese punto nada
más habíamos llegado nosotros del primer autobús y los
del segundo autobús. Quizás éramos unos veinte compañeros en medio de los autobuses y había policías adelante y policías atrás tapándonos el paso. Se soltó una
balacera grande, tremenda, muchísimos disparos.

Yo en un principio no podía imaginar que nos estuvieran disparando, no podía siquiera imaginar que nos
iban a matar. Yo creí que era, no sé, algún cuete o algo,
algún fuego pirotécnico de ese tipo, pero ya cuando empecé a ver las balas, los casquillos de las balas, ya me
di cuenta de que sí nos iban a matar, de que nos estaban queriendo matar a todos. Aldo se quedó ahí tirado
mucho tiempo. Nosotros empezamos a llamar a las ambulancias, empezamos a llamar al 066 para que enviara
ambulancias. El 066 pues es un número federal, es imposible que digan que el gobierno federal no estaba enterado, que la policía federal no estaba enterada, porque
el 066 canaliza la información a la policía federal local
que está a un lado del cuartel militar.

Santiago Flores, 24, estudiante de primer año. Más
adelante nos salieron de las esquinas, venían así y salieron en las esquinas. Nos empezaron otra vez a tirar y
ya llegando a un mini-Aurrera fue cuando se nos atravesó una camioneta. Nos bajamos. Les echamos piedras
pero los policías se bajaron y ahí dejaron la camioneta

atravesada. Ya no pudimos salir, ahí quedamos atorados. Nos dijeron que la moviéramos. Me bajé, nos bajamos, no sé si fue la desesperación, el miedo pero no la pudimos mover. Recuerdo que el compa Aldo, él que está en muerte cerebral, estaba ahí con nosotros. Yo estaba en el faro de adelante, la estaba empujando hacia atrás. Éramos como cuatro los que estábamos ahí. Otros la estaban empujando pero hacia adelante, de atrás para adelante. O sea, no sé si por el miedo o por la desesperación unos la empujaban para atrás y nosotros pa' delante y no sabíamos cómo. Ellos pa' acá y nosotros pa' allá. No nos coordinábamos, pues, no sabíamos qué hacer y otro adentro de la camioneta la estaba meneando, pero no, no la pudimos menear, de hecho, y ahí fue cuando nos empezaron a balacear, nos empezaron a tirar. Ya estaban llegando las patrullas, así es que yo lo que hice fue que puse mis manos aquí atrás, corrí pero agachado, ya me quería tirar al suelo porque estaban tirando. Se escuchaba cómo pasaban así las balas.

En eso, cuando llegamos entre el primer y el segundo bus, escuché que dijeron que ya le habían dado a uno. Gritaban "ya le dieron a uno" a los policías y no hacían caso. Seguían disparando, seguían disparando. Les gritaban "¡ya mataron a otro, ya mataron a otro, ya no disparen!" No hacían caso. Nosotros alzábamos las manos pues de que ya no íbamos a hacer nada, que ya nos rendíamos y no hacían caso. Nosotros les decíamos que nos ayudaran, "¡ayúdenos, todavía está vivo!", porque dicen unos compas que lo vieron que Aldo todavía alzaba su mano, decían que todavía estaba vivo. Gritaron

"¡ayúdennos, no sean culeros, todavía está vivo!" Pero no hacían caso los policías.

Tardó mucho la balacera, tardó, tardó, tardó, hasta que hicieron caso de traer una ambulancia. Unos veinte, veinticinco minutos tardó en llegar, tardó mucho tiempo en llegar, ya fue cuando se lo llevaron, al compa se lo llevaron. Nosotros estuvimos ahí y les estaban gritando que ya nos íbamos entregar y no hacían caso. Te asomabas y te apuntaban. Sacabas tu mano, te disparaban. A un compa que se salió, creo que le pasó acá por el pecho, le pasó la bala.

Jorge, 20, estudiante de primer año. Nos iban disparando por toda la calle, nos iban correteando, ya hasta un crucero, no sé cómo se llama. Fue ahí donde nos cerró la patrulla. Los policías dejaron la patrulla ahí y se salieron de ella. Como queríamos pasar, pues varios compañeros nos bajamos del autobús y queríamos mover la patrulla. Ya cuando la estábamos moviendo los policías se hicieron como para atrás, se fueron a esconder y de ahí nos empezaron a disparar. Nosotros estuvimos tratando de mover la patrulla rápido cuando empezaron a disparar, y luego luego cayó un compañero, fue cuando le dieron un disparo en la cabeza. Bueno, yo me asusté y, pues, al ver que cayó, casi la mayoría corrió, se salió de ahí y se fue hacia atrás del autobús. Algunos de nosotros nos subimos rápido al primer autobús. Y de ahí veíamos como que seguía con vida el compañero y que se movía. El chofer nos decía que fuéramos a levantar a nuestro compañero pero cuando nos tratamos de bajar nos seguían disparando. Ni podíamos bajarnos. Éramos como diez los que nos metimos en ese camión. Entonces nos fuimos hasta atrás del autobús y ahí estuvimos escondidos mientras nos disparaban los policías. No dejaban de disparar. Les gritábamos pero no hacían caso.

Iván Cisneros, 19, estudiante de segundo año. Ya llegamos casi a la intersección de la N. Álvarez y el Periférico para subir hacia Chilpo, ahí fue cuando la patrulla 002 se metió, se nos cerró ahí. Igual nosotros nos bajamos para querer moverla. Los policías se bajaron y se fueron corriendo. Pero al querer mover la patrulla se escuchó, pues, el disparo de los municipales hacia nosotros. Fue cuando le dieron al compañero Aldo, que estaba a mi lado. Yo me agaché para agarrar la patrulla, y empujar desde abajo y empezarla a mover, alzarla, para moverla, y ahí fue donde le dieron al compañero Aldo. Cayó. Cuando vimos que cayó nos acalambramos, como quien dice, nos entró el miedo, ahí sí, vimos que ya iba en serio todo esto. Al escuchar los balazos, de una u otra forma, dijimos "son al aire", pero quién sabe. Cuando vimos que cayó el compañero sí fue donde nos dio miedo. Les empezamos a gritar a los compañeros que se bajaran, "¡bájense compas!" Les gritamos a los policías que nos habían matado a un compañero porque nosotros lo dábamos por muerto al chavo, porque de un balazo en la cabeza pues uno cree que se muere al instante. Pero se estaba desangrando solamente. Nosotros nos pasamos para la parte de atrás, intentamos llevarnos al chavo pero las balas nos pasaban cerca así que no pudimos hacer nada. Lo dejamos ahí al compañero y nos fuimos a la parte de atrás del autobús. A los compañeros que estaban en el segundo autobús les dijimos que se bajaran y quisimos hacer lo mismo con los del tercero, pero ya los policías empezaron a rafaguear ese autobús. Nosotros no lo veíamos, nada más escuchábamos los balazos. Les gritábamos a los policías que ya nos habían matado a uno, que qué más querían, que ya habían cobrado su cometido. Les gritábamos, paradójicamente "¡así deberían de ponerse con los narcos!" sin saber que ellos eran también los narcos. Tratamos de auxiliar a los que estaban en el tercer autobús, pero siempre que nos asomábamos o queríamos hacer algo nos soltaban una descarga, y las balas volaban sobre el concreto. No podíamos salir de esa parte del autobús que era entre el primero y el segundo.

Cuando le dieron al compañero fue cuando les empezamos a marcar acá a la Normal, a los que estaban de este lado. Se le marcó a David, el presidente. Les marcamos a los demás compañeros para decirles que nos estaban balaceando. Empecé a comentarlo y a publicarlo ahí en las redes sociales, que nos estaban disparando, que llamaran a la prensa o cualquier medio, que estábamos en Iguala, que ya nos habían matado a un compañero. Empecé a subir unas cuantas fotos ahí del compañero al que le habían dado. Me comuniqué con mi papá y le dije lo que pasaba. Él me dijo "mira, ustedes tranquilos, lo más que pueden hacer ahorita es arrestarlos, los van a llevar detenidos, pero igual, probablemente después de su madriza, los van a dejar ir como quiera". En ese momento, pues, me quedé así de que "no, pues, ni modo, ya nos van a agarrar". Cuando vimos que empezaron a llegar más patrullas dijimos "ya nos van a acorralar, nos van a llegar por ambos lados y nos van a detener". Pero pensamos eso, pues, que nos iban a detener nada más, es lo que pensamos, "sí nos van a dar nuestra madriza, pero vamos a estar bien al último".

Juan Pérez, 25, estudiante de primer año. Ya viendo la carretera ahí mismo se atravesó una patrulla, se atravesó y el chofer de la patrulla salió corriendo y dejó la patrulla. Nos paramos ahí. Los que iban atrás de nosotros también se pararon. Del primer autobús nos bajamos muchos compañeros en ese momento para mover la patrulla. Unos quince compañeros estaban en la parte de enfrente de la patrulla para moverla. Yo y mi compañero —a mi compañero le decían la Garra—, él estaba atrás, en la parte trasera de la patrulla, conmigo, éramos dos nada más, en cuestión de segundos dispararon los polis, y en ese momento atravesaron una bala en su cabeza. Cayó, se cayó lentamente. Gritamos "¡cayó el compañero!", y en ese momento todos los compañeros que estaban enfrente de la patrulla corrieron, ellos corrieron. Yo estaba como a dos metros del autobús. Éramos como diez de nosotros los que corrimos hacia el camión y yo me aventé hasta el último encima de los compañeros ahí. No sé de dónde vino un policía a pararse, pero me disparó en mi rodilla izquierda. No supe si me dolió o no me dolió, el chiste es que entré así nada más. Ya de repente en el primer asiento me acosté y le dije a mi compañero "creo que ya me dieron".

—¿De veras?

—Sí, me dieron —y agarré mi pierna en la parte izquierda y nomás vi sangre. Me fui así arrastrándome hasta la cola del autobús, el último asiento de atrás. Compañeros me preguntaron "camarada, ¿estás bien?", y yo les dije "yo estoy bien, no se preocupen por mí, yo estoy bien, solamente me entró y me salió la bala". A cada rato me preguntaron mis compañeros "¿estás bien", y yo les contestaba "sí, estoy bien, no se preocupen por mí, pero si entran los policías no hay que dejarnos, si se los llevan a unos, que nos lleven a todos".

José Armando, 20, estudiante de primer año. Salimos cinco compañeros a ponerle una playera al compañero Aldo porque todavía se movía, vimos que se movía y le pusimos algo en la cabeza, porque ya era bastantísima sangre la que estaba tirando. Fue también cuando más nos tiraron y nos cubrimos ahí en la patrulla porque él cayó atrás. Nos cubrimos en la llanta, ahí todos amontonados, y ya despúes corrimos otra vez hacia atrás del primer autobús. Ya se iban acercando, de hecho, a nosotros, ya nos iban a llevar. Todos estábamos borrando del celular todos los contactos y todo porque pensábamos que nos iban a llevar, así como siempre cuando nos reprimen, a una cárcel o a alguna delegación donde revisan los celulares, y pues, por eso mismo es que borramos todos los contactos. Eso es lo que pensábamos, o pensamos que nos iban a matar ahí.

En el tiempo que estuvimos ahí se nos estaba muriendo otro compañero. Se cayó porque estaba enfermo del pulmón. Se cayó, ya le faltaba el aire y les gritábamos a los policías que trajeran una ambulancia y no. Así que nosotros le hablamos a la ambulancia para que fuera y le explicamos en dónde y por qué y que nos estaban balaceando y que fueran rápido porque si no el compañero iba a perder la vida, y también que se llevaran al compañero Aldo.

Edgar Yair, 18, estudiante de primer año. Pensábamos, te digo, que no nos iban a disparar a nosotros. O sea, nosotros pensábamos que tiraban al piso o algo así, de pronto vimos que un compañero salió herido de una bala en la cabeza, y pues el compañero cayó al piso. Ahí estábamos alrededor de ocho compañeros moviendo la patrulla. Sólo tres compañeros nos dimos cuenta de que al compañero le habían dado el balazo en la cabeza. Los demás compañeros no se percataban de lo que le había pasado al compañero, por la misma adrenalina no se daban cuenta. Hasta que les gritábamos que se esperaran, porque la patrulla ya estaba casi encima del muchacho, nuestro compañero. Les gritábamos muy fuerte que se esperaran, que había un compañero herido, pero no entendían por el ruido de las armas y los gritos, no entendían ellos lo que decíamos. Ya al final de cuenta les señalamos y se dieron cuenta de que el compañero estaba tirado, estaba sangrando de la cabeza por un balazo. Lo queríamos levantar. Y en vez de que los policías dejaran que lo levantáramos, pues más nos disparaban, más fuerte, más rápido eran los balazos.

Corrimos a un punto en medio de dos autobuses. Nos juntamos varios compañeros, éramos alrededor de 27, me parece. Y estuvimos ahí mucho tiempo, cerca de dos horas. Les gritábamos a los policías que estábamos desarmados, que no teníamos con qué agredirlos, que ya dejaran de disparar. Porque si te asomabas tantito ellos disparaban. No les daba ni siquiera lástima vernos así tristes o espantados. Nosotros estábamos muy nerviosos, muy asustados por lo que estaba pasando, al ver que nuestro compañero ahí seguía tirado, convulsionándose. Nosotros lo queríamos ir a levantar, pero los policías no nos dejaban, nos disparaban. Por fin llegó una ambulancia.

Miguel Alcocer, 20, estudiante de primer año. Se bajaron y quisieron quitar la camioneta para salirnos de ahí ya, de Iguala, y fue cuando nomás de repente se oyó el primer disparo y cayó el compañero Aldo. Ya nos tiraban a matar. Ya no eran disparos al aire, sino hacia nosotros. Se escondieron los compañeros entre el primero y el segundo autobús. Íbamos varios en ese primer autobús, parados, y yo ya me iba a bajar con otros diez compañeros cuando un policía municipal nos vio y nos volvió a tirar de frente. Se puso en frente así y nos empezó a tirar. Agarré y me tiré otra vez adentro. A un compañero ahí le pegó, le dio en la pierna y gritó. Yo pensé que lo había matado, que le había dado, porque gritó y cayó. Todos mis compañeros ahí dijeron que ya lo había matado, pero no, al mismo instante luego nos dijo que le ayudáramos. Le ayudamos y lo pasamos hasta allá atrás y le amarramos su pierna. Ahí estábamos. Les hablábamos a nuestros amigos atrás, entre los dos autobuses, que nosotros ahí estábamos adentro. Ellos estaban escondidos también porque los policías nomás veían que uno salía, que se asomaba tantito, y le tiraban. No los dejaban que ni se asomaran nada. En las dos esquinas se ponían y ahí estaban tire y tire a mis compañeros y nosotros ahí adentro. Pensamos que nos iban a ir a traer, que nos iban a llevar a la cárcel. Nosotros ya teníamos esa idea de que nomás a la cárcel íbamos a ir a dar. Y ahí todos tirados, unos compañeros estaban llorando por lo mismo que nos estaban tirando. Luego yo escuchaba que mis compañeros, los que estaban atrás, les decían que éramos de la Normal y que nosotros no traíamos armas y contestaban los policías que a ellos les valía verga. Decían "orita a todos se los va a llevar la verga". Y, pues, siento que mis compañeros, los que lloraban, más se agüitaban por eso que decían los policías, y la mera verdad sí sentíamos miedo porque ya le tiraban directo a uno. Y los compañeros gritaban que llamaran a una ambulancia para el compa herido. Un policía les dijo que no supimos a dónde nos fuimos a meter. Dijo "sí, a lo mejor a su compañero lo encuentran pero muerto, o a lo mejor nunca lo encuentran". Así nos dijo. Todos mis compañeros les gritaban a los policías que se calmaran. Y todavía ellos hasta nos decían "¡tiren sus armas!" Y nosotros ¿qué armas íbamos a tirar si no llevábamos? Como dijo un compañero "eso es absurdo, hubiéramos llevado armas para que tan siquiera uno de ellos hubiera caído, y no nomás de nosotros hubieran muerto".

Ernesto Guerrero, 23, estudiante de primer año. Llegando al Periférico de Iguala nos cerró el paso una patrulla. No pudimos salir y en la parte de atrás teníamos muchas patrullas de la policía municipal. Nos acorralaron, nos encerraron. Inmediatamente entre los compañeros del primer autobús decidimos bajar y empujar la patrulla. Al momento en que nos bajamos el primer compañero que llegó fue Aldo. Yo llegué detrás de él. Empezamos a empujar la patrulla y empezaron las descargas de las armas. Inmediatamente al compañero le dieron un balazo en la cabeza. Yo volteé y lo miré. Se formó un charco de sangre y les grité a mis compañeros "¡le dieron a uno!" Se acercó otro compañero y lo intentamos jalar a donde estábamos nosotros, pero nos rafaguearon. No lo pudimos ayudar. Al principio creímos que estaba muerto. Nos refugiamos en medio del primero y segundo autobús un grupo como de veinte compañeros. Los demás no alcanzaron a bajar del primer autobús y ahí se quedaron. Se agacharon nomás para que no fueran vistos por la policía. No había ni para dónde ir. Nos estaban rafagueando desde atrás y adelante. Los que logramos bajar del autobús nos refugiamos en medio del primero y el segundo. A los compañeros del tercer autobús Estrella de Oro los rodearon. Encañonaron a todos los del autobús y empezaron a bajar a los compañeros. Los fueron acostando en la banqueta con las manos en la cabeza.

Después de un tiempo una ambulancia de la Cruz Roja llegó para llevarse al compañero Aldo. Vimos que se empezó a mover y entonces se llamó a la ambulancia. Llegó, se lo llevó y los policías nos seguían encañonando. Si te movías, te disparaban, si hablabas te disparaban. O sea, no podías hacer nada porque te disparaban. Eran descargas que te daban los municipales. Y al momento que disparaban todavía se daban el tiempo para recoger los casquillos. Yo les grité "¿por qué levantan los casquillos?" Pues porque sabían la chingadera que estaban haciendo. Y se burlaban, se reían, apuntaban a mis compañeros detenidos, nos apuntaban a nosotros.

Entones un compañero que padece de los pulmones tuvo una crisis. Él fue operado de los pulmones antes y se nos estaba muriendo ahí, sus ojos estaban más para allá que para acá. Se nos estaba yendo y llamamos a otra ambulancia. Los operadores nos salían con la tontería de que no sabían dónde estábamos, "no sé dónde es el lugar, ya fuimos y no los encontramos, no damos con la dirección". Nunca llegó la ambulancia. Llegó la patrulla 302.

Edgar Yair, 18, estudiante de primer año. Cuando estábamos entre los autobuses con la bola de nuestros compañeros, un compañero que padece del pulmón sufrió una crisis de lo mismo, de su pulmón, así es que se desmayó. Le estaba dando como un paro, no sé. Nosotros lo cargamos y lo pusimos en el piso para que los policías lo recogieran. Y los policías en vez de que lo levantaran bien porque estaba enfermo, lo agarraban como perro, lo arrastraron, lo aventaron a la patrulla y se lo llevaron.

Coyuco Barrientos, 21, estudiante de primer año. Yo me iba a bajar del autobús cuando vi hacia donde estaba el compañero tirado en un charco de sangre y convulsionándose. Un compañero que estaba al lado de él trató de ayudarlo, pero también le pasó cerca una bala. Los demás compañeros querían todavía quitar la patrulla para poder avanzar nosotros. Ellos no se percataron de que el compa estaba tirado casi debajo de la patrulla. Por poco se la pasan encima. Otros compañeros les gritaban que se aguantaran, que ahí estaba el compañero tirado. Alcanzaron a detener la patrulla pero lo que no pudieron hacer fue sacar al compa de ahí, porque estaban tirando balazos todavía los policías. No dejaban de tirar. Esos compañeros tuvieron que dejarlo ahí. Corrieron a refugiarse detrás de los autobuses. Y a nosotros nos empezaron a tirar de frente. En el parabrisas había varios impactos. Otro compañero y yo ya nos íbamos a bajar del autobús, ya estábamos en las escaleras cuando nos empezaron a tirar en la puerta. Si no lo hubiera alcanzado a jalar hacía mí, también a él se lo hubieran chispado. Lo jalé y nos tiramos luego ahí al suelo. Les grité a los otros compañeros que todavía estaban arriba que no se bajaran, que se fueran para atrás. Estaba todo el mundo hecho bolas. Como pude brinqué yo también hacía adentro. Iba brincando sobre los asientos y nada más oía las balas que iban pasando por un lado de mi cuerpo. Afortunadamente no me tocó ninguna. Como pude, caí en medio de los asientos. Y los demás compañeros que estaban enfrente me pasaban encima. Y así uno tras otro, uno encima del otro, íbamos pasando. Y pues en esa ocasión se comprende. Había mucho miedo y uno trata de escapar a como dé lugar. Estuvimos resguardándonos. Un compañero nos decía que había tenido un roce de bala en su pierna. Y le dijimos a los compañeros que estaban cerca de él que lo revisaran. Pero dijo que no, que no había problema, que sólo había sido un rozón, que estaba bien, que no pasaba nada.

Nos seguían disparando. Lo único de lo que me acordé fue llamarle a los compañeros de la escuela, de la Normal, a los del comité. Tengo los números de mis compañeros. Llamé "compa, nos están chingando, nos están madreando acá los policías. ¡Están disparando contra todo! Ya mataron, ya le dieron a uno. Se está convulsionando, se está desangrando. ¡Jálense para acá, necesitábamos apoyo!" El compañero no entendía. Como que estaba en shock. No reaccionaba. "No manches", le digo, "soy Coyuco, soy Coyuco de primero. Jálate para acá, nos está chingando la policía, no tenemos ni piedras. Nos tienen acorralados por el Aurrera. ¡Jálense lo más rápido posible! Tenemos un herido. Y quién sabe cuántos más hay atrás. A los compañeros ya los detuvieron. Los están metiendo en un local. Los policías no dejan de disparar".

No veía bien dónde estábamos. No sabía el nombre de la calle todavía. Y seguían oyéndose los chigadazos de los policías. Se iban unos policías, llegaban otros. Después vi que llegó una ambulancia. Pero la retiraron los policías. De ahí, llegó en otra ocasión, y fue entonces, creo, que se llevaron al compañero herido.

Estaba otro compañero que tenía como un mes, un mes y medio de haber sido operado del pulmón. Y el compañero, pues de tanta adrenalina, no sé, tanto miedo, tanto temor, se estaba convulsionando también. Entró en pánico. Les dijeron a los policías que teníamos otro compañero herido, que no fueran… ahora sí que culeros, que nos echaran la mano. Y pues sí, los policías dejaron de disparar. Se tranquilizaron un poco, quizá pudieran sacar al compañero a la vista para que le dieran apoyo. Y lo que pudimos ver fue que los pinches policías lo agarraron como un perro. Lo llevaron arrastrando de un pie y una mano. Al subirlo a la patrulla, lo subieron como un perro, como si hubiera sido un bulto de harina. Se lo llevaron. Y los compañeros alcanzaron a ver que fue la patrulla 302.

Erick Santiago López, 22, estudiante de segundo año. Yo iba en el tercer camión, el Estrella de Oro. Los policías nos estaban disparando. Bajé tres veces con un extinguidor a echárselo. Y pues en ese rato no me dieron, fue una gran suerte que tuve. Y era cuando se veían los policías de diferente traje. Porque siempre en la declaración sale que nada más fue la policía municipal. Nunca sacaron a la policía federal y la policía estatal. Yo iba parado en la parte de enfrente del chofer, a un lado. El chofer me agitó el extinguidor porque está más alto que yo. Me lo agitó y dijo "tíraselo, negro. Va a explotar para que todos ustedes se salgan y para que yo también pueda salir". Se lo alcancé a tirar, pero al momento de tirárselo fue cuando me dieron. Me paré en frente de donde está el copiloto. Alcancé a sacar la mano así nada más. En el momento de tirárselo así, fue cuando recibí el impacto de la bala. El extinguidor se lo aventé a los policías y fue en ese instante cuando me dieron un balazo en el brazo derecho. Me dieron el balazo y ahí fue cuando nosotros ya nos dimos por vencidos. Como yo era uno de los dirigentes e iba con el compañero el Cochiloco, en ese rato yo le dije "sabes qué, márcale a nuestro secretario". En ese entonces era la Parca. Le marcamos a la Parca. Nosotros esperamos unos diez minutos arriba del autobús, fue cuando mi compañero, el Cochiloco, le dijo al chofer "abre la puerta, nos vamos a entregar. Ya no podemos, ya balearon a mi camarada". Los compas estaban espantados, no sabían ni qué hacer. A mí sí me dolía el brazo. Toda la parte de los tendones fue destruida. Los cinco tendones de mis dedos fueron destruidos. Toda la parte de mi piel fue destruida. Cuando nos bajamos nosotros, los polis agarraron y uno se puso al lado de la puerta y nos empezaron a bajar con las manos en la parte detrás de la nuca. Al chofer, como se bajó primero, lo arrinconaron solito. Fue a un lado. En mi persona, así como estaba baleado, también me hicieron lo mismo que a mis compañeros, me pusieron la mano en la nuca. Y nos empezaron a tirar al suelo. Decían "cállate, hijo de tu puta madre, te va a llevar la verga". Y al poco rato decían "si tanto traen huevos, que se vea, malditos ayotzinapos". Imagínense, ellos con sus armas y nosotros sin nada. Es cuando uno se agüita, porque ellos traen armas y si te mueves te disparan. Nos quedamos así, me acuerdo, en ese rato todos mis camaradas estaban tirados. A mi compa Cochiloco, como se les puso, lo golpearon. Él fue fuerte en su postura de que él no se iba a dar por vencido. Y después lo agarraron y le dieron de golpes, le pegaron en la parte del estómago con la culata del arma. Cuando lo tumbaron fue cuando lo golpearon en la cara. Y al poco rato, un policía le comentó a otro "mata al que le diste en la mano, dale un balazo". El policía acudió y me puso un arma grande, era un R-15 que me puso en la cabeza. El policía me lo puso, y quizá reaccionó y dijo "¿y sí lo mato?" Pensé "ni modo, hasta aquí". Fue cuando al poco ratito me quitó el arma de la parte de enfrente, de aquí del sentido, y fue cuando él mismo llamó a una ambulancia. Cuando llamó la ambulancia yo estaba consciente de todo lo que estaba sucediendo. Con toda sinceridad, el chavo que estaba de mi lado fue quien me puso un paliacate en el brazo cuando estábamos todavía arriba del autobús, al que le decían el Botas. Cuando fui tirado al suelo, ese chavo estaba llorando. Él vio cuando me pusieron el arma en la cabeza. Él vio cuando a mí me golpeaban en las costillas porque trataba de levantarme. Sabía que si me volvía más feo, el policía era capaz de matarme. En ese rato, un uniforme que vi fue el de un policía federal, en la parte de atrás decía policía federal. Y la estatal estaba al lado. En ese rato cuando a mí me trataban de acostar lo que hice fue que me acosté de lado. Estaba viendo hacía la parte de arriba. Llegaron dos civiles y se bajaron de su coche y no sé si eran los dirigentes. Estaban sin capucha. Uno llevaba arma chica. Ellos daban la orden y los demás cumplían.

A mí me agarraron y me subieron a una ambulancia. Me empezaron a esculcar mis cosas. Fue cuando a mí me quitaron un teléfono, un celular negro chiquito. Y cuando a mí me subieron a la ambulancia fue cuando a mis camaradas los empezaron a subir a las diferentes patrullas. Alcancé a verlos. Los chavos en ese momento no hablaban para nada. Los chavos estaban llorando. Los demás no alcancé a verlos, pero todos estaban tirados. Ni uno habló, ni uno dijo "¿por qué nos hacen esto?"

Si no me hubieran dado mi balazo también estaría desaparecido. Lo que me salvó fue el balazo. Todos los que iban en el autobús donde yo iba, todos están desaparecidos. Sólo yo me salvé. Toda la sangre que había en el autobús… De hecho traigo fotografías de ahí. Ésta es la fotografía de donde me dieron el balazo en el brazo. Toda esa sangre es mía.

Jorge Hernández Espinosa, 20, estudiante de primer año. Yo y otro compañero habíamos ido a jugar un partido de voleibol al centro de Tixtla. Nos fuimos a las seis de la tarde a jugar, cuando ellos se fueron a Iguala. Jugamos y regresamos a la Normal como a eso de las diez de la noche. No habíamos cenado y le dije a mi compañero "vamos a cenar", y sí, nos fuimos. Íbamos a comprar cuando de repente empezamos a ver mucho movimiento, que corrían para un lado y para otro, y a los de la academia de cuarto. Y ya, no hicimos caso. De pronto un paisa del comité nos dijo "todos al estacionamiento". Nos fuimos al estacionamiento como a eso de las diez y media, fue cuando nos enteramos, pero a nosotros nada más nos dijeron "hay problemas en Iguala", y nosotros lo tomamos así como siempre, "no pues que no dejan pasar a nuestros compañeros". Ya de pronto nos llamaron a la cancha techada, nos fuimos y ya estando allá nos dieron la información de que un compañero de nosotros, un pelón, tenía un balazo en la cabeza. No sabían si estaba vivo o si estaba muerto. Se lo había llevado la ambulancia, y eso era todo lo que nos dijeron. De ahí ya empezaron a buscar autobuses y que no había choferes y después que no había diesel. Dijeron "súbanse unos pelones a la Urvan". Subieron unos de tercero y unos de cuarto y unos pelones y ahí fui yo. Yo me subí en la primera Urvan que llegó ahí.

Omar García, 24, estudiante de segundo año. Llamaron a la escuela, nos dimos cuenta de lo que pasó. Hicimos llamadas a los medios, a la radio, a los maestros, a gente que nos apoya. Sí, pues era de alarma total, de ver qué podíamos hacer. Fue rápido, organizamos a la gente, éramos treinta personas. Y bueno, nos lanzamos. Cuando llegamos allá sí había federales, ¿eh?, para acá en esta zona de la base militar, nosotros entramos por aquí precisamente. Federales estaban patrullando, y allá en la entrada estaba la estatal. Había un retén en la entrada de la policía estatal, sí, pero no nos detuvieron.

Edgar Andrés Vargas, 25, estudiante de tercer año. Como ya iba en tercero casi ya no estaba enterado de las actividades que hacían, pero esa vez yo estaba lavando en unos lavaderos, y el que le dicen Cochiloco, que está desaparecido, estaba ahí con otro chavo y le gritó a otro compañero que vivía ahí al lado, le gritó que fueran a la actividad, que iban a ir a secuestrar autobuses para la marcha. No dijo dónde. El chavo que estaba arriba en el segundo piso, que es igual del comité de Lucha, dijo que no porque al que le tocaba era a él, el Cochiloco. Y ya, es por eso que me enteré de la actividad. Pero pues era una actividad nada más. Yo seguí lavando, tendí mi ropa y ya, me metí a mi cuarto. Recuerdo que les marqué a mis papás porque como ya se acercaban las prácticas yo les marqué para pedirles dinero. Dijeron que sí, que me esperara unos días nada más, que ellos me lo iban a mandar. Me acosté en la cama, saqué un cuaderno porque quería hacer una tarea, pero no tenía las fotocopias, ya lo dejé ahí para el día siguiente. Y ya me acosté en mi cama, encendí la computadora y me metí al facebook. Ahí estaba cuando me marcó una amiga y ahí estuvimos platicando, cuando llegó un chavo de repente gritando que nos jaláramos porque había problemas, que habían atacado a los chavos.

Pues salimos de volada. Le dije a mi amiga que ahorita le marcaba. Ella preguntó por qué y no le dije nada, le colgué nada más. Me puse mi pantalón, mis tenis y como estaba sin playera nomás agarré la chamarra, una roja de Ayotzi, ya me puse esa nada más. Fuimos a la cancha techada, ahí estaban comentando que según los tenían acorralados a los chavos y que deberíamos ir a apoyar. Como me llevaba con mis compañeros y ellos iban a ir, pues fuimos. Regresé a mi cubi por una playera, la primera que encontré, y me fui corriendo con una camiseta blanca que llevaba en mi mano. Creo que los secretarios estaban en Chilpo y ya no había más transporte, no teníamos otro autobús, sí había autobuses pero los choferes no estaban. Ya agarramos una Urvan, nos subimos varios de mi grupo y así todo fue rápido, nos fuimos para allá. Un compañero me dijo que no fuera porque yo antes ya había platicado con él y le había comentado que iba a ir mi novia a verme. Iba a llegar creo en la madrugada. No pensé que fuera algo tan grave, como así ha habido problemas y siempre he ido y no son tan graves, pues fui, me subí a la Urvan. Ahí iban unos chavos de primero también, de segundo, la Urvan iba a todo lo que daba porque como iba llena no podía ir más rápido.

Como está retirado Iguala —no sé qué tiempo sea, unas dos horas— íbamos y todos los chavos estaban marcando a sus compañeros. Varios no contestaban, sonaba el teléfono, nadie contestaba. Así estuvieron marcando muchos de ellos y nadie contestaba. Luego ya estábamos llegando a Iguala, en la entrada y debajo de un puente, creo, vimos un autobús de Estrella de Oro. Pensamos que era de los chavos, bueno en ese momento creímos que era de ellos, y tenía todos los vidrios rotos, se veía que le habían disparado. Pero pues ese autobús iba en sentido contrario a nosotros. Y cuando entramos a Iguala había muchas… cómo te diré, muchas patrullas. Pasamos ese autobús, y después gritó uno de nosotros que iba en el Urvan que se detuviera porque había visto unos chavos. No sé la verdad, yo no los vi, ahí en la carretera. Pero él había visto como unos cinco o seis. Pero la Urvan no podía dar vuelta ahí, así que tuvimos que ir hasta donde había un espacio para poder regresar. Pero estuvimos viendo y no, no vimos al chavo y volvimos a regresar dos veces y ya no los vimos. Ya después nos detuvimos en un oxxo y uno de ellos no sé con quién se comunicó, la verdad, para decir en dónde estaba. El chavo que estaba manejando pues es de mi grupo y él no conoce ahí, ya se bajó y preguntó a un taxista "¿por dónde queda tal lugar?", ya más o menos le dijo dónde. Fuimos. Creo que llegamos al centro de Iguala, estaba como un parquecito, no sé qué era, una placita. Ahí nos volvimos a detener porque había muchas patrullas. Cuando veíamos que venía una patrulla nos agachamos para que no se viera porque teníamos el temor de que nos detuvieran igual. Eran municipales, un coche era una patrulla chiquita, pero ésa no alcancé a distinguir qué era. La mayoría sí eran municipales y una estatal, una estatal que yo vi cuando estábamos en el parque porque pasó ahí en la calle. La otra Urvan no sé cómo llegó ahí pero escuché que ellos estaban en Chilpancingo y se fueron de ahí a Iguala. Estando ahí en el centro ya nos dijeron cómo llegar, dónde estaba ese lugar. Llegamos.

Sergio Ocampo, 58, periodista de Radio UAG y corresponsal de *La Jornada* en Chilpancingo. Yo estaba por cenar cuando una persona cercana al alcalde me dijo que había balaceras allá. Y entonces otros compañeros me dijeron "oye, están balaceando los estudiantes". Yo no lo creía, realmente. Pues a esta hora eran como cuarto para las once. Empecé a indagar y justo una persona cercana al alcalde me dijo "sí, hubo una balacera. Si quieres te doy el teléfono del alcalde". Le dije "ah, pues sí, préstame el teléfono del alcalde". Entonces yo le hablé al alcalde y me dijo "no, no hay nada. Si estos ayotzinapos de por sí nada más vienen a crear problemas. Estaba el informe de mi mujer, que es la presidenta del DIF", y que ya después se supo que se iba a destapar como candidata a la alcaldía. Entonces él dijo que había como siete mil personas en un momento. Pero que ya después, por los desmanes supuestos de los muchachos, quedaban como cien. Que él se había quedado a bailar ahí. Entonces, yo le insistí pero me dijo "no, hombre, no hay nada. Todo está tranquilo. No hay ningún herido, no hay ningún muerto. Está en paz aquí Iguala".

Alex Rojas, estudiante de primer año. Nos venimos para el Periférico Sur. El chofer decía "sí, no hay problema chavos, yo sé que hacen esto cada año y no hay problema, vamos, tengo familia allí en Tixtla, yo ando trabajando aquí, quiero ir también por allá, vamos, orita nos vamos para allá". Mostró la mejor disposición el chofer. Nos venimos platicando. Se informó acá a unos compañeros de acá de la Normal que ya veníamos de regreso nosotros. Éramos catorce en total, éramos trece chavos de primero y uno de comité. Entonces se informó que ya veníamos en un Estrella Roja, que nos esperaran ya, y que los demás autobuses venían detrás de nosotros, se habían retrasado un poquito. Ya veníamos por el Periférico Sur, ya en el último puente ya para salir rumbo a Chilpancingo, fue cuando miramos que debajo, justo debajo del puente estaba un Estrella de Oro, y atrás y adelante había muchas patrullas, se veían las torretas a lo lejos. Vimos que el autobús era el Estrella de Oro porque llegamos como a cien metros, ciento cincuenta metros de ahí a lo mucho, y nos detuvimos. El chofer intentó dar la vuelta pero luego luego llegó una patrulla. Bajaron al chofer, lo detuvieron y lo que hicimos nosotros fue bajarnos del autobús. Entonces se hicieron de palabras, fue el policía quien empezó a decir que... bueno con palabras feas... pues que qué chin... unas palabrotas obscenas, "ustedes qué mierda andan haciendo para acá, que cáiganle a la verga o si no van a valer verga ya". A lo que contestamos también nosotros "no pues qué, nosotros podemos andar por acá, no andamos haciendo nada malo". Y ya se estaban haciendo de palabras ahí y ya el chavo del comité nos dijo "¡vámonos, vámonos!" Porque eran muchas patrullas las que tenían detenido a un Estrella de Oro, lo tenían detenido abajo del puente y sí, retrocedimos caminando como tres cuadras.

Oscar López Hernández, 18, estudiante de primer año. El Periférico Sur creo, nosotros íbamos ahí. Y en el mero puente estaba un Estrella de Oro, ahí estaban unos ministeriales, no, eran estatales, no sé, municipales, no sé qué eran, civiles armados pues. Ya estaban en el bus, ya estaba rodeado de todo. Los policías —eran como unas cinco patrullas— estaban alrededor del bus, apuntando. Estaba oscuro, nada más se veían las patrullas con las sirenas y el policía con sus lamparitas. Pero ya no vimos, porque en ese momento llegó una patrulla, se nos acercó directamente a nosotros y nos apuntaron, nos dijeron que nos bajáramos. Ya no vimos más de qué pasaba con el Estrella de Oro porque ahí en el puente también nos bajaron, nos apuntaron luego los municipales. Nosotros lo que hicimos para defendernos de eso fue agarrar piedras. El chavo del comité dijo "¡agarren piedras!" Agarramos piedras y empezamos a discutir con los policías para que nos dejaran ir. Nos dijeron "¡no, pues que tiren las piedras!" Nos empezaron a maltratar y nos echaron un tiro al aire, tiraron y salimos corriendo de ahí.

Santiago Flores, 24, estudiante de primer año. Nosotros lo que hicimos fue abultarnos ahí entre el bus.

Como yo tuve un colapso pulmonar anteriormente, ya tengo antecedentes, y como nos estábamos abultando entre todos, hubo un momento en que nos caímos. Al momento de caerme se me cayeron unos encima en la espalda pero ahí no sentí nada. Me acuerdo que estaba conmigo el compa Chilango, al que le quitaron el rostro. Estaba conmigo él, estaba a un lado mío y entre los dos nos estábamos cubriendo. Cada vez que nos iban empujando, nos iban sacando, nos iban sacando. Llegó un momento en que quedamos mero en el filito ahí del autobús y otro tantito que nos empujaran nos sacaban. Lo que hacía con el compa Chilango era empujarlo hacia allá y de ahí nos empujaban y así estábamos. Ya después me empezó a… no sé qué fue, no sé si el susto, o entre los empujones, o todo, pero me empezó a faltar el aire. No podía respirar. Yo me acuerdo que les dije a mis compas, les dije que ya no podía respirar, le dije al Chupa, al que le dicen el Chupa, que estaba ahí conmigo en mi cubi, le dije que no podía respirar. Le dije "Chupa, ya no puedo respirar". Me dijo que aguantara, "aguántate, aguanta", dijo, "ahorita ya, ahorita, siéntate, siéntate". Y todos se hicieron así, pero no se salieron, se hicieron más adelante, me dijeron que me sentara. Éramos como unos quince, por ahí unos quince, o dieciocho que estábamos ahí. Me senté. Me empezó a doler acá atrás, se me empezó como a entumir. El aire no lo pasaba bien, no respiraba. Estaba respirando por la boca y me decían que aguantara. Me quitaron la capucha y me quitaron la playera y me empezaron a echar aire entre varios compas que estaban ahí. Unos compas les estaban diciendo que le hablaran a una ambulancia y ellos gritaban a los polis, les gritaban que mandaran otra ambulancia que porque otro ya se había puesto mal.

Y pues, de hecho, entre todo eso que pasó seguía la balacera. Me senté ahí y me recargué entre el autobús y yo pues ya estaba pensando que, una de dos, o me daban un disparo o ahí me iba a quedar, una de dos. Sí se veía bien porque yo estaba sentado y veía al policía que estaba en el poste que me apuntaba. Se veía que te apuntaban a ti pero disparaban y la bala daba por otro lado. Me acuerdo que me agachaba y nomás estaba viendo entre los dos, porque veía que me estaban apuntando a mí pero no sé si disparaban o disparaban a otro lado. Empezó un momento en que ya no podía respirar bien y me acostaron. Me pusieron unas playeras acá de almohada y les decían a los polis que no fueran culeros, que mandaran otra ambulancia, que ya habían matado a uno, que para qué querían al otro. "No traemos armas, traemos piedras, sólo nos podemos defender con ellas", escuché que les gritaban. Pero alzaban sus manos de que no tenían ni piedras, decían "no tenemos nada", alzaban sus manos. Tardó mucho tiempo para que la ambulancia llegara. Un compa estuvo conmigo, le dicen el Dedos. Él estuvo ahí, me estuvo dando ánimos, me estaba diciendo que aguantara. Yo recuerdo que le apreté la mano, le dije que aguantáramos. Él me decía "sí, vamos a salir de ésta, no te agüites, vamos a salir de ésta", y yo le apretaba la mano y le decía "pero es que no puedo respirar bien, no sé si yo salga, no sé". Varios compas que estábamos ahí, muchos estábamos llorando ya ante todo porque ya sabíamos qué iba a pasar. Yo les decía, pues, hasta aquí llegué y me decían que no, que aguantara, que esto seguía.

Me acuerdo que me cargaron. Le dijeron a los polis "si no quieren traer la patrulla, nosotros se lo llevamos, ustedes llévenselo". Pero en ese momento que querían hacer eso, cuando me iban sacando nos empezaron a disparar. No dejaron que me llevaran, que me sacaran. Nos empezaron a disparar y les gritaban que no se pasaran de culeros, "no sean cabrones, ya es otro, ya se puso mal otro, nomás nosotros queremos que lo lleven al hospital y ya, porque aquí se nos va a morir". Y en eso escuché que dijeron que nomás uno, y me cargaron, me sacaron tantito y ahí me dejaron. Un policía me agarró y me arrastró, me agarró acá de los pelos y me arrastró. Me sacó a la esquina, dobló y ahí me tiró. Caí boca arriba. Yo pues no podía respirar, y me decía que qué tenía y cosas así como "para que veas, si sabías lo que iba a pasar". Le digo "pues yo no", uno qué va a saber qué va a pasar.

Cuando estaba ahí tirado veía a los policías que estaban apuntando, los mismos policías que yo veía que me estaban apuntando, estaban gritando a los compas que se los iba a llevar la chingada, que para qué venían, y otros les decían "¡dispárenles, dispárenles, no dejen de dispararles!", así escuchaba que gritaban "dispárenles, para qué vienen, para que se les quite lo pendejo", cosas así.

Entre eso me voltearon, hubo otro policía que llegó, y me voltearon. Primero me dijo "¿qué tienes?" Le digo "es que no puedo respirar". Fue el único que me dijo eso "qué tienes", y yo "no puedo respirar". Me alcé la playera y el policía vio que tenía aquí la cicatriz. Le dije que aquí me habían metido una sonda para poder respirar. Y es que este policía, la verdad no vi si era municipal, estatal o federal, no vi, me volteó y me empezó a sobar acá atrás, atrás me empezó a sobar, me dijo cosas así que por qué vine, "¿por qué vienes?" No le contestaba, yo nomás le decía que no podía respirar, "es que no puedo respirar". Y como estaba de lado y hay terracería, estaba tragando mucho polvo, mucha tierra. En eso creo que se fue el policía.

Me agarraron de los pies y de las manos y me tiraron a la camioneta y ahí caí. Yo entre mis pensamientos decía "¿pues a dónde me llevan, al hospital?" Hubo un momento en que se arrancaron así, se echaron así de recio como que si no fuera nadie atrás, como si no me llevaran, así se arrancaron como si nada, recio, y así en los topes o cuando frenaban, yo ya me golpeaba con los tubos que tenían ahí retachados. Fueron como dos cuadras. Yo entre eso, como no vi ninguna ambulancia ni nada, la calle sola, pues ya pensé "pues ya hasta aquí llegué, porque no vi ninguna ambulancia". Cuando estaba ahí tirado escuché que dijeron "ya llegó la ambulancia" pero no me subieron a la ambulancia, me subieron a la camioneta. Y como a las dos cuadras yo ya dije "no pues estos no me llevan al hospital y así como me llevan, me han de llevar a otro lado, no sé". Fueron como a las tres cuadras cuando se dio el frenón. Frenaron, yo volví a retachar entre los tubos y pensé "no pues ¿y ahora qué?" En eso, cuando se bajaron los… qué serán, paramédicos, no sé, traían una camilla. Los polis no dijeron nada, se quedaron así. Y los otros nomás me bajaron y se alejaron. No les preguntaron nada, que a dónde me llevaban, nada. No había pensado que me fueran a desaparecer pues porque nadie pensó eso, pero yo pensé "me llevan detenido, pero al hospital no me llevan porque así como arrancaron, así como me llevaban no es la forma, pues, porque medio me estoy muriendo, no es para que me lleven así, retachando en los tubos". En eso, cuando se bajaron los paramédicos, los polis no dijeron nada, ni "aquí está, lo llevamos al hospital", nada, no dijeron nada. No se bajó nadie de la camioneta. Los que fueron por mí fueron los enfermeros, fueron los paramédicos. Me subieron a la camilla, luego luego me preguntaron qué tenía. Vieron que no supe responder, ya luego me pusieron oxígeno, y me pasaron a la ambulancia. Me dijeron que respirara normal, dijeron "respira normal porque si no te vas a dañar más". Yo les decía "es que no puedo, es que no puedo", en lo poco que les supe decir, porque a lo mejor no me entendían porque no podía respirar, hablaba y no, como que no, las palabras no las pronunciaba bien. No sé si me entendieron.

José Armando, 20, estudiante de primer año. Veíamos cómo bajaban a los compañeros del tercer autobús. Los pateaban, golpeándolos los bajaron. Ahí venía el compañero que balearon en la mano, lo bajaron también a golpes. Y veíamos cómo los llevaban a las patrullas y se los llevaban los policías municipales.

Jorge, 20, estudiante de primer año. Al rato escuchamos que se gritaban. Había una tiendita ahí y vi a un policía cuando estaba así tirando al suelo a un compañero, y los estaba golpeando pero en el suelo, y a otros, cuando ya los llevaban pues así, con las manos en las cabezas, se los llevaban y los subían a las patrullas. Me asomé por una ventana y vi dónde estaban subiendo a varios compañeros a las patrullas que ya se los llevaban. Nomás me asomé rápido pues porque también desde los vidrios se veía que enfrente de nosotros estaba un poste y de ahí se veía dos policías que nos seguían apuntando. Por eso nomás nos asomábamos rápido, porque si no pues pensamos que nos iban a disparar esos dos policías que nos estaban ahí apuntando.

Coyuco Barrientos, 21, estudiante de primer año. Estábamos todos retenidos ahí arriba del autobús, hasta el fondo, a la altura del baño. Donde me estaba refugiando yo había una ventana quebrada, toda estrellada ya, nada más tenía un hueco. Quise revisar por ahí por si nos podíamos bajar. Pero ya estaban otros dos policías apuntando hacia nosotros en la parte de atrás a la altura del tercer autobús. Alcancé a ver que ahí tenían a unos compañeros en el suelo, boca abajo. Ya los habían arrestado. Y los estaban metiendo más adentro de un local. Y seguían apuntándonos y disparando. Los compañeros que estaban abajo les gritaban que éramos estudiantes, que no traíamos armas, que no teníamos ni piedras ya. "¡Estamos desarmados!" Pero los policías en vez de platicar o dialogar con nosotro nada más nos seguían disparando. Cada vez que los compañeros querían grabar a los policías, ellos sacaban una lámpara y alumbraban el celular para que no viéramos sus caras, para que no fueran grabados.

Iván Cisneros, 19, estudiante de segundo año. Vimos cuando bajaron a los chavos y vimos cuando los pusieron pues en el suelo, todos así con las manos en la cabeza. Los bajaron sin playera, sin nada y los pusieron en el suelo. Ya nosotros con la impotencia, con el coraje. No pudimos hacer nada. Se nos hizo raro cuando ya empezaron a subir a los compañeros a las patrullas: empezaron a recoger todos los casquillos que estaban en la parte de atrás y limpiaron la sangre que estaba en el suelo. Llegó un policía y nos dijo "ya váyanse, tomen su autobús y váyanse". El chofer se subió al Costa Line que estaba adelante y prendió el autobús. Nosotros le dijimos que no, que lo dejara, que no lo quitara, porque teníamos miedo de que lo quitaran y que cuando lo quitaran nos llegaran los policías. Le gritamos "¡no!" Un compañero se lanzó, agarró las llaves y se las quitó al chofer. Ahí nos quedamos un rato.

Uriel Alonso Solís, 19, estudiante de segundo año. Ya más tarde llegaron tres patrullas grandes. Eran también policías municipales. Pero nomás que el color ya no era igual. Era azul marino encendido. Una patrulla municipal de ahí de Iguala regular es una camioneta Ranger doble cabina. Y los que llegaron después eran camionetas Ram, de las grandotas. Pero eran municipales. Y también se bajaron así, todo de negro, con el escudo de policías municipales, guantes. Traían cubierto el rostro. Uno se bajó y dijo "vamos a negociar". Nosotros le dijimos que se quitara la capucha si quería hablar con nosotros. Se la quitó y se acercó. Tenía el pelo quebradizo, corto, pestañas quebradas, con bigotes, alto, medio moreno. Dijo que nos entregáramos. Dijo "saben qué, chavos, vamos a hacer un acuerdo. Ustedes se van a entregar. Nos vamos a llevar los autobuses. Vamos a recoger los casquillos y vamos a hacer de cuenta que aquí no pasó nada". Pero pues no. Porque ya habían dado un balazo a un compañero. Y a los compas los tenían todos detenidos. Nosotros dijimos que no. Dijimos "no, porque ya vienen nuestros compañeros en camino. Aquí vamos a estar". Nos dijo que si no nos íbamos de ahí, que nos íbamos a arrepentir. Dijo "si no se van, se van a arrepentir por el resto de sus vidas de haber entrado aquí a Iguala. Si no se van, más tarde vamos a venir por ustedes". Después se retiró. Hizo una seña de que se fueran. Y fue cuando todos los policías empezaron a subirse a las camionetas. Agarraron la patrulla en frente que estaba balaceada y apedreada. Se la llevaron también. Se llevaron todo, hasta los carros que estaban atrás donde detenían a los compañeros. Nos dimos cuenta de cómo a los compañeros de atrás los subieron a las patrullas y se fueron todos. Cuando me di cuenta nada más vi que a los compas los estaban tendiendo en el piso boca abajo.

Y estaba el chofer. Y pues era muy difícil, porque las veces que nosotros nos asomamos para ver empezaban a disparar. Entonces nos hicimos para atrás y no alcanzamos a ver mucho. Pero sí, vimos cómo a los compas los tenían a todos tirados en el piso boca abajo. Nosotros pensamos que iba a ser una detención. Era lo que yo le explicaba a los chavos de primero, que no se agüitaran, porque seguramente los iban a detener y al otro día los iban a liberar.

Nosotros, aguantarnos. Ellos se fueron. Y pues empezaron a transitar los carros. Porque incluso no pasaba nada de carro. Todas las calles solas estaban. Ya cuando empezó a llegar la gente a acercarse y preguntar qué había pasado, nosotros empezamos a contar lo que había pasado. Empezamos a poner un montón de piedras en todos los casquillos tirados, para tomarles foto, tomar evidencias. En el tercer autobús, pues, los asientos estaban llenos de sangre. La credencial del compa Bernardo también estaba llena de sangre. Y las llantas ponchadas, las parabrisas llenas de sangre. No sabíamos qué les habían hecho. Llegaron nuestros compañeros de la escuela y maestros de Iguala para apoyarnos. Nosotros marcamos a la prensa, dijimos que con la prensa aquí nos íbamos a sentir más seguros.

Carlos Martínez, 21, estudiante de segundo año. Un policía se acercó a hablar con nosotros, empezó a decirnos que nos entregáramos, que bajáramos las armas, que no sé qué, que ya nos iba a cargar la fregada. Quería a una persona para que fuera y le dijera qué onda, qué pasaba. Pues nosotros dijimos "no, ni madres, si se llevan a uno, nos van a llevar a todos, así que si tanto nos quieren, que vengan por nosotros". Pero no, nunca vinieron.

Ernesto Guerrero, 23, estudiante de primer año. Nos empezaron a decir "ya se van a ir, cabrones, pero súbanse a su autobús y lárguense porque si no se van a acordar de nosotros". ¿Pero nosotros cómo nos íbamos a subir si estaba todo balaceado? Decidimos quedarnos porque las organizaciones sociales ya iban en camino, ya iba la CETEG, compañeros de aquí de la Normal. Y, nada más para que te des una idea, fue aproximadamente una hora y media después de que nos empezaron a balacear que llegaron los compañeros de la Normal. En esa hora y media, ¿y los militares que tienen su cuartel a escasos metros de donde nos balacearon? Ni un solo militar se hizo presente. Tampoco la ministerial, ni la estatal, ni los militares, ni los federales, ni la marina. Ahora sí hubiéramos querido ver a toda esa gente que anda en las calles intimidando a las personas, pero no, estando el cuartel militar a metros del lugar donde nos balacearon, donde nos estuvieron rafagueando, y estuvimos como una hora ahí todavía, una hora y media hasta que llegaron nuestros compañeros que salieron de aquí de Ayotzinapa a Iguala. Llegaron medios de comunicación del estado de Morelos pero el Ministerio Público nunca hizo acto de presencia, ni militares ni nadie. Todavía a mí me dijeron "ahí viene el MP en camino" y me dediqué a buscar casquillos. Los policías municipales levantaban casquillos cuando hacían las descargas pero aun así dejaron algunos cuantos, incluso dejaron una bala completa. A los medios de comunicación les dije que tomaran la fotografía, la evidencia, y sí lo hicieron. Les puse marca para que cuando supuestamente llegara el MP los encontrara fácilmente. Nosotros, como alumnos, aseguramos la zona, acordonamos como pudimos. Le puse piedras alrededor de los casquillos para que no los fueran a levantar, no los fueran a pisar cuando pasaran por ahí. Les puse piedras, les puse ramas para marcar esas evidencias para que cuando llegara el MP... Pero nunca llegó. Pasó una hora y media, si no es que más, y nunca llegó.

Coyuco Barrientos, 21, estudiante de primer año.
Cuando no veía ningún movimiento me fui a los asientos de adelante. Estuve revisando pero no veía nada. En ese momento iban pasando unos policías en frente del autobús. Me tiré otra vez hacia los asientos. Nos habían visto. Se acercaron a la puerta del autobús, pero no se subieron. Nada más estábamos esperando a ver a qué horas nos iban a tocar los chingadazos a nosotros. Pero se quedaron ahí en la esquina. Ya no seguían disparando. Cuando se fueron retirando, al parecer fue cuando se estaban llevando a los compañeros del tercer autobús. Todavía nosotros estábamos arriba a la espera, a ver a qué hora nos tocaba a nosotros. Y se empezaron a retirar. Después ya no se oyó nada. Estaba todo en calma, todo tranquilo, en silencio. Y nos percatamos de que iban pasando unas personas, unos chavos en unas motocicletas.

Iban cinco en dos motocicletas. Iban pasando normal, y se fijaban en qué había pasado. Les preguntamos si ya no había policías. Y nos dijeron que no. Y les dijimos que se adelantaran a la parte del primer autobús a ver si había policías todavía. Y sí, nos hicieron ese paro. Y nos avisaron que no había nadie.

Fue que empezamos a salir nosotros. Nos concentramos todos en medio de los autobuses. Nos reunimos. Y empezamos a revisar quién estaba herido, quién no. Quién faltaba. Qué había pasado, dónde estaban los demás. Fuimos a revisar los otros autobuses. Otros hicieron guardia ahí en las dos entradas de la calle. Vimos todos los casquillos que estaban tirados ahí. Y los policías recogieron muchos casquillos ya detonados, tratando de limpiar su acción. Y acordamos que no moviéramos ningún cartucho. Que en vez de mover alguno que le pusiéramos una señal, una piedra para tomarlo como evidencia. Los compañeros estaban grabando, tomando fotos. Llegaron padres de familia en sus autos. Llegó más gente. Pero querían estar pasando en medio de todos. Y así fue que hicimos valla, resguardando lo que fue la zona. Empezaron a llegar más gente. Les hablaron a los de prensa de ahí mismo de Iguala, algunos nos dijeron que no tenían permitido tomar esa nota. Así que empezaron a llamar los compañeros a la prensa de Chilpancingo. Y como pudieron llegaron algunos. Al poco rato, llegaron los compañeros que iban en apoyo de aquí de la Normal. Llegaron en una Urvan, después llegaron otros. De los otros dos autobuses, en ese momento, no supimos nada. Empezamos todos a hablar. Que dónde estábamos metidos. Que si estábamos bien, que si no había ningún otro herido. Y ya empezamos a hablar de todo lo que había pasado. Y de los compañeros que se habían llevado. Había mucha sangre en el tercer autobús, estaba todo destrozado, estaba todo tirado. De los choferes no se supo nada. De los demás compañeros… empezamos a recabar información de los compañeros que se llevaron, de las patrullas que estuvieron ahí en el ataque, los que estuvieron presentes.

Llegó la prensa. Empezaron a reunir la información. Otros compañeros se encargaron de reunir los videos que tomaron los mismos compañeros para tenerlos juntos. Ya pues todos con miedo. Nadie esperaba eso. Teníamos ya visto que a la hora de los chingadazos, nadie se iba a rajar, pero sí fueron chingadazos a puño limpio. Nadie se imaginaba que iba a pasar esto. Y menos de unos policías municipales. A mí lo que me cayó de raro fue que, cuando estaban los policías todavía, llegó una patrulla muy parecida a una patrulla federal en todo. Lo único de lo que me podía percatar es que tenía la M de municipal en la puerta. Ya la parte posterior de la puerta no se veía. Nada más decía "Policía" el escudo federal, y la M de municipal. Pero era idéntica, todo parecido a una patrulla federal. Y los policías, encapuchados como si fueran federales. Llegando esa patrulla todos se empezaban a reunir y ya se fueron. Eso es lo que me cayó de raro. Es lo que no entendía. En mi opinión, al parecer, era de los mismos sicarios.

Ya ahí que estábamos todos unidos, pues empezamos a revisar a los compañeros que aún seguíamos ahí.

Empezamos a platicar, a darnos ánimo. Yo estaba con mi primo, con Daniel Solís. De hecho, no es propiamente mi primo, sino un amigo. Soy amigo de su familia. A él lo había conocido desde años antes, antes de entrar aquí. Y aquí todavía se fortaleció esa amistad, esa hermandad con él. Siempre para todo andábamos juntos, todo lo hacíamos juntos. Todas las actividades. Antes de venirnos para acá su familia me lo habían encargado por ser menor que yo.

Pedro Rentería Lujano, 60, fundador y director técnico del equipo de futbol de tercera división Los Avispones de Chilpancingo, Guerrero. Iniciamos precisamente el 26 de septiembre lo que es la temporada 2014-2015 de la tercera división. Jugamos contra Iguala a las 20.30 horas. Terminó el partido. Ganamos 3-1, y cuando terminó, uno de los ex jugadores que yo dirigí en Iguala vino para saludarme y en ese momento le hablaron vía telefónica: que no se acercara a su colonia porque había balazos. Al decirme eso, le dije "¿sabes qué?, mejor nos vamos a retirar, es mejor salirnos de aquí porque traigo varios muchachos, son muchos muchachos y no quisiéramos que sufrieran un daño". Nos salimos de Iguala, bueno, intentamos salirnos y no podíamos entrar al carril de alta precisamente porque había persecución de jóvenes. Entonces tardamos como diez minutos en entrar ahí. Después nos retuvieron diez minutos, nos incorporamos a la vía rápida para salir a la carretera nacional y venirnos a Chilpancingo. En la salida de Iguala había un retén de policía. Al carro que iba adelante lo detuvieron, lo orillaron y a nosotros nos dieron paso. Nos seguimos y había una reparación como cinco kilómetros después de Iguala, ahí estuvimos otro rato hasta que nos dieron el paso, porque la circulación era por un solo carril. Ahí el chofer le preguntó a otro chofer de otro autobús que qué había. Dijo "no, está tranquilo" y ya nos seguimos. Aproximadamente diez kilómetros de Iguala a Chilpancingo, faltando como diez minutos para las doce horas de terminar el día 26, empezamos a escuchar ráfagas de balas impactándose en el autobús. Al escuchar las balas, los balazos, yo les grité a los muchachos "¡son balazos, tírense al piso!" Y fue lo que hicimos todos, sin excepción. Pero esas ráfagas que recibimos, tanto del lado derecho como del lado izquierdo, alcanzaron a impactar al chofer: una bala atrás de la oreja que se quedó alojada en el cerebro y que le hizo perder el control. Soltó el volante y el autobús se salió aproximadamente unos treinta metros de donde nos dispararon y de la cinta asfáltica, hacia afuera, quedando a diez metros de la carretera, parado y recostado sobre la tierra porque había un hoyo y ahí se detuvo.

Al detenerse el autobús, los que nos estaban disparando del lado derecho… quedamos de frente nosotros a ellos y ya nos empezaron a disparar de frente. Ahí fue donde me dieron a mí dos balazos, me atravesaron el abdomen y el hígado. Y le dieron a mi preparador físico, una bala le rozó el ojo y le atravesó el tabique nasal y otra le fracturó el brazo izquierdo. Uno llevaba cubierta la cara, pero el otro no. No llevaban uniformes de policías.

Yo nada más vi dos, pero seguramente eran arriba de diez, fácil. Vamos a pensar que unos ocho de un lado, otros ocho de otro lado, algo así, por las ráfagas que recibimos. Y ahí nos gritaban que abriéramos la puerta. El único que se levantó fue el preparador físico y les gritaba "¡somos un equipo de futbol!" Y decían "¡abre la puerta, hijo de tu puta madre!" Y dijo "¡no puedo, no veo, me dejaste ciego, tengo un balazo en el ojo, no veo!" Pero aparte sí hizo el intento de abrir, pero no se abría la puerta pues estaba prensada. Entonces empezaron a golpear los vidrios del parabrisas y de la puerta con las armas para tratar de entrar. Afortunadamente, no sé qué pasó: si la protección de Dios; si el que hubiera silencio absoluto, que nadie hablara nada; que pensaron que ya nos habían matado a todos; que el preparador físico les dijo que éramos un equipo de futbol, no sé qué fue lo que los hizo desistir de que nos siguieran disparando o que no entraran para masacrarnos. Salieron corriendo en plena oscuridad. Lo único que se alcanzaba a ver un poco era el reflejo de las luces del carro porque estaba con motor y luces prendidas en punto muerto o neutral de la caja de velocidades. Salieron corriendo, disparándole a los carros que pasaban en la carretera, gritaba la pobre gente al sentir cómo impactaban las balas. Se retiraron.

A partir de ahí nosotros lo que hicimos fue salirnos del autobús. Empezamos a salirnos por los vidrios quebrados, por las ventanas, porque no había forma de salir sino por donde habían quebrado ellos los vidrios. Unos alcanzaron a pedir auxilio en la carretera para que los

trasladaran al hospital a Iguala; fuimos quince los toca-
dos por balas, de los veintidos que íbamos en el autobús.
El daño que recibimos de toda esa balacera conside-
ro que fue mínimo, porque cuando nos dispararon de
frente tocaron tanto a todos y ahí mataron a uno de los
jugadores, a David Josué García Evangelista, a él le dieron, él estaba en el pasillo pero levantó la cabeza y le
dieron en esta parte, lo atravesaron. Nos ayudó mucho
el doctor dándole auxilio a los muchachos, el doctor del
equipo. Nos salimos del autobús, pero se tardaron mucho en darnos auxilio tanto federales de caminos como
ambulancias, al grado de que nos auxiliaron como quince minutos antes de las dos de la mañana, estando nosotros a diez minutos de Iguala. No querían ir a auxiliar-
nos, porque yo le hablé al presidente del equipo contra el
que jugamos allá, se llama Humberto Chong Soto y me
dijo "ahorita, no te preocupes". Le dije "nos balacearon,
tengo heridos, probablemente tenga muertos, mándame
ambulancias, por favor" y "ahorita te los mando", me
dijo. Pero después tuve la oportunidad de platicar con
él y dijo que no querían ir las ambulancias, que tenían
miedo de ir a acercarse allá, a donde estábamos balaceados. Entonces, eso fue el factor de que mucho tiempo
estuvimos heridos, desangrándonos, y a las dos de la
mañana yo estaba llegando... yo conjuntamente con
varios muchachos fuimos trasladados por las ambulancias, llegamos al Hospital General de Iguala, ahí fue
donde nos atendieron. A mí, como a las tres de la mañana, empezaron a operarme. La operación tardó hasta las
seis y estuve doce días en terapia intensiva. Me dieron

de alta, me vine a Chilpancingo, a la casa de ustedes, a
seguir recibiendo las recomendaciones del médico, re-
habilitándome y ahorita ya por prescripción médica
ya puedo caminar y trotar.

**Facundo Serrano Uriostegui, director municipal de
deportes de Chilpancingo.** Salimos a un cuarto para las
once. El partido fue de las ocho hasta las diez. Se jugaron
los dos tiempos. Quedamos 3-1 a favor del equipo de los
Avispones. Y de allí los jugadores se fueron a los vesti-
dores para cambiarse y nosotros estábamos a la espera
para que el árbitro concluyera la elaboración de la cédula para entregárnosla posteriormente. Eso se llevó aproximadamente media hora, cuarenta minutos. En lo que
esperábamos la cédula y que se cambiaran los muchachos para emprender el regreso nos dieron allí como las
10.40. Y pues abordamos el camión. Como viajamos ese
mismo día y no tuvimos descanso, pues sí veníamos algo
cansados. En el momento en que nos salimos, el chofer
puso una película. Íbamos sentados, viendo la tele, las
cortinas oscuras estaban cerradas. Estábamos viendo la
película. Unos iban durmiendo, estábamos cansados.
De repente sentimos los vidrios y escuchamos detonaciones. A unos les pegaron luego luego. El autobús se
orilló y se quedó parado, inclinado al lado derecho. Los
casquillos se quedaron en la carretera. Ellos estaban allí
esperándonos. Gritamos "¡somos jugadores!" Querían
subir, pero no podían abrir la puerta. "¡Ya se los cargó
la chingada!" Otro preparador físico, Jorge León Sáenz,

gritó que éramos jugadores de futbol y que no dispararan porque había niños, había menores. A lo que respondían que les valía madre, que nos iba a cargar la chingada. Hicieron más disparos pensando, obviamente, que éramos estudiantes de la Normal. Cuando se dieron cuenta de que no éramos las personas que buscaban dijeron "ya la cagamos", así textualmente dijeron "comandante, ya la cagamos, son futbolistas". Después se dirigieron a sus carros. Y se escucharon más disparos porque atacaron a un carro que estaba allá atrás, y se murió otra persona.

Ya nos dimos cuenta de que teníamos un niño herido de gravedad. Y pues el doctor subió a verlo, cuando, a los cinco, seis minutos, dejó de existir, dejó de respirar. Éramos tres adultos que estábamos atendiendo a los heridos. Después de que dimos los primeros auxilios, llegó un federal de caminos. Llegó como a los cuarenta minutos. Pero no querían ayudar. Un federal sacó su celular y preguntó:

—¿Cuántos heridos hay? ¿Cuántos muertos?

—¡Lo que queremos es ayuda, no que nos entrevisten!

—Espérense, ahorita va a venir una ambulancia.

—Préstanos la patrulla, lo que urge es llevarlos al hospital. Los vamos a subir a la patrulla.

—Atrévete a subirlo, atrévete.

—¿No nos ves? ¡Nos atacaron! Lo que queremos es ayuda.

Y todavía dicen que llegaron a apoyar.

Clemente Aguirre, entrenador físico de los Avispones. Sabíamos que algo estaba pasando en el centro de Iguala. Estábamos viendo si cenábamos en Iguala o Chilpancingo. Los chavos querían festejar, querían comer tacos. "Vamos a cenar aquí", decían. "No, mejor vamos a Chilpancingo y allí podemos cenar", les dijimos. Y ya en la carretera, como íbamos muy entretenidos con la película de *Los ilusionistas*, fue muy sorpresivo, muy rápido. Los balazos se escucharon al principio como parte de la película, como cuetes. El camión seguía avanzando. No se detuvo luego luego sino hasta que se salió de la carretera. Lo primero que pensé fue "van a venir, van a venir para acá". Y yo como pude decía "chavos, cállense, no hagan ruido". Empezaban a quejarse. Y sí llegaron y dijeron que abriéramos el camión y que nos bajáramos. Y otro compañero empezó a decir "no, tranquilo, brother, somos un equipo de fútbol". Entonces decían:

—¡Bájense, hijos de su puta madre!

—Tranquilo, brother, ¡somos un equipo de futbol!

—¿Qué, no se van a bajar? ¡Que se bajen!

Entonces él sí agarraba la puerta, pero como estaba atorada no la podía abrir. Intentó pero no se pudo abrir. Entonces le tiraron balazos a la puerta. Nosotros no nos movimos, quedamos allí tirados. No hicimos nada más que esperar. No sabía si se iban a subir o no. Pensé "si se suben, hasta aquí llegamos". Pero de bajarnos, no nos íbamos a bajar. Yo no pensaba moverme de donde estaba. Gritaban "¡ya les cargó la verga!" Volvieron a disparar otra vez. No fue mucho, un ratito, no sé, unos diez segundos. Dejaron de disparar y se fueron. Pero nos quedamos un momento, o sea, nadie se movió. Después ya nos empezamos a levantar y a bajarnos por la ventana de la puerta, pues ya no tenía vidrios. Unos se bajaron por una ventanilla por otro lado. Cuando empezamos a bajar del autobús, algunos chavos salieron corriendo. Ellos se quedaron escondidos en la milpa mucho tiempo, hasta que llegaron las ambulancias, como quince de ellos, casi todos los jóvenes se fueron corriendo. Nosotros empezamos a sacar a los heridos. En ese momento agarré mi teléfono y luego luego marqué para que mandaran una ambulancia. Pero no, la ambulancia no llegó nunca. Y yo pensando que a lo mejor regresaban. Pensando que, por si regresaban, que mandaran a la policía, ambulancias, pues algo. No pasaba nada de carros hasta como después de una media hora, pero nadie se quiso detener. Gritamos "¡ayuda!" Pero se pasaban de chismosos y después se arrancaron. Estábamos todos ensangrentados. De heridos graves estaba el chofer, el profe Pedro y Miguel. Los demás, por la adrenalina, no sintieron sus heridas, como Facundo, con las esquirlas en su pecho.

Los policías y ambulancias tardaron como hora y media para llegar. Pues primero… de hecho se paró un carro con unos chilangos que querían ayudar. Yo estaba con el chofer, se paró el carro, y dos chavas que le tomaron la cabeza para que no se ahogara lo cuidaban. Llegó la patrulla y dije "pues, ya la hicimos". Después dijimos "hay que subir a los heridos". Y en ese ratito fuimos y uno de los chilangos me ayudó a subir al profe Pedro que tenía varios balazos. Lo agarramos y lo llevamos y lo sentamos en una de las patrullas. "Allí siéntalo por mientras", y sí nos dio el permiso. Y ya al otro chavo, Miguel, lo sacamos, y ya cuando lo íbamos a subir a otra patrulla fue cuando dijo el policía "ni se les ocurra subirlo a mi carro". Uno de los chavos dijo "pues viene bien herido, ni modo que lo dejemos así, hay que llevarlo al hospital". El policía dijo "no, a mi carro no lo suban. Ya viene la ambulancia". Yo lo estaba agarrando de las piernas y de la pompa, y el otro de los brazos. Lo tuvimos que bajar en el piso, a un lado de la patrulla.

Alex Rojas, estudiante de primer año. Lo que le cuento es como la otra versión de nosotros porque esta versión casi no se cuenta en las noticias. Nada más contaron sobre la ráfaga que hubo en el mini Aurrera, por el Periférico Norte, pero nosotros tuvimos otro problema, fuimos 14 compañeros por la salida del Periférico Sur. Y sí retrocedimos nosotros como tres cuadras, después de las tres cuadras corrimos porque sabíamos que los policías pues luego se portan mala onda, son así, culeros. Corrimos y nos escondimos por el campo. Ahí anduvimos como dos horas dando vueltas por el campo. No encontrábamos caminos. Antes, cuando estábamos en el autobús Estrella Roja ya nos habían comentado que por el mini Aurrera ya habían rafagueado a nuestros compañeros. Le hablaron al paisa del comité y le dijeron que ya habían disparado a nuestros compañeros y que en esa ráfaga había caído un compañero muerto que aún no identificaban. Entonces nosotros estábamos preocupados por eso y decidimos regresar hasta el mini Aurrera para brindarles el apoyo. Corrimos un buen tramo pero Iguala pues está grande también. Decidimos esperar a que llegara el apoyo de parte de la Normal, que eran dos Urvan con chavos de otra academia, entre ellos el secretario general y otros chavos pues de apoyo. Ellos nos dijeron que nos iban a ver por un puente, el último puente justamente donde tenían el Estrella de Oro, que allí nos iban a pasar a traer. Regresamos y cruzamos el puente arriba de cuatro en cuatro porque había muchísimos policías abajo del puente. Pero lo cruzamos y no nos vieron. Nos escondimos por otro montecito del otro lado del puente, y ahí estuvimos.

Después de un buen rato que estuvimos ahí escondidos, bajamos por la glorieta que tenía ese puente para bajar al Periférico. Ahí bajamos y cuando nos dimos cuenta de que ya no había ninguna patrulla y sólo estaba el autobús Estrella de Oro ahí parado solito, por un momento pensamos en salir a ver qué pasaba o qué había pasado, pero pues por precaución no fuimos porque pensamos pues en el momento que podía haber federales adentro, no sé, tendiendo una trampa. Nosotros nos fuimos mejor por el Periférico Sur rumbo al centro de Iguala. Por todo el Periférico nos fuimos para supuestamente brindar apoyo a los compañeros. Nos fuimos por el Periférico porque ahí iban a pasar las Urvan. Nosotros nos pasamos del otro lado del Periférico, hacia los que llevan el sentido contrario, los que iban de salida para Chilpancingo y sí, miramos a una de las Urvan que pasaron del otro lado de la carretera, pero ya no nos vieron. Así que pasaron las Urvan para brindarles el apoyo donde habían ocurrido las ráfagas. Nosotros seguimos caminando, seguimos caminando y después de un rato corrimos porque nos alcanzaron dos patrullas de policías municipales. Nosotros ya sabíamos que habían matado a uno de nuestros compañeros y pues sí, les dijimos así, les gritamos pues que se fueran, que por qué nos iban siguiendo. Y las dos patrullas pues allí iban detrás. Nadie se bajaba, nada más estaban ahí y así nos fueron siguiendo un buen tramo. Después llegaron otras dos patrullas justo ahí, y llegaron también dos camionetas de protección civil las cuales dieron vuelta luego en el retorno que estaba delante de nosotros. Se pusieron frente a nosotros e iban de reversa las de protección civil y las cuatro patrullas venían atrás de nosotros. Veníamos en medio y en ese momento llegaron otras tres patrullas, las cuales se pusieron atrás de las camionetas de protección civil, se estacionaron, y ya los de protección civil se tuvieron que parar. Y nosotros estábamos entre ellos, en medio de la calle. Había tres camionetas de patrullas adelante y dos de protección civil y otras cuatro patrullas detrás de nosotros. Entonces, pues ya eran muchos. Éramos catorce chavos y sin nada. Íbamos nada más caminando. Entonces se bajaron todos los policías. Yo pensé, pasó por mi mente que ya habíamos valido madre. "Aquí nos van a agarrar", pensé. Y como nos habían contado que a unos compañeros de otra academia los habían agarrado y cómo los someten, los golpean, así bien feo, pensé "no, pues, ni modo, pues, ya hasta aquí". Pensaba que nos iban a detener, nos iban a llevar a la cárcel, pero que antes nos iban a golpear así feo. Pensé "no, pues ni modo, cuando vayan a golpear a ver qué onda, a ver cómo le hacemos". Y sí, que se fueron acercando los policías y luego cortando cartucho, apuntándonos. "¡A ver, ustedes, hijos de su pinche madre!", dijeron. Y como yo tenía una piedra, otros compañeros tenían también, nos dijeron "¡suelten sus piedras orita o si no van a valer verga, van a valer verga todos ustedes, pinches chamacos, valen verga, de aquí no se van a escapar!" No pues nosotros también les contestamos "¡no, pues de una vez, jálenle si le van a jalar, ya tumbaron a uno, ya mataron a uno de nuestros compañeros, quieren otro, jálenle!" Y ellos nos iban apuntando, se iban acercando a nosotros. De suerte atrás de nosotros había un arroyito, un pequeño arroyo en el cual había puentes como cada diez metros. Y ahí como a tres pasos de nosotros, justo detrás, estaba un puente, delgadito, como de un metro, de madera. Cruzamos ahí en ese puente sin pensar. Nadie dijo nada, sólo cruzamos en ese puente y quedamos otra vez en medio de la calle, donde pasaban los peatones. Quedamos ahí. También los policías se metieron por los puentes y se dirigieron a nosotros. Se acercaron tres policías más, vestidos de civil. Se acercaron más rápido y entonces agarraron piedras y nos tiraron y nosotros respondimos también con las piedras que llevábamos. Atrás de nosotros había una colonia. Ni miramos, subimos por ahí porque nos tiraron las piedras y nosotros respondimos también. Ahí como había puro pavimento pues ya no tuvimos cómo, así que echamos a correr y justo atrás de nosotros, estaba otra callecita bien angostita donde nos metimos todos ahí. Al otro lado estaba otra calle y de ahí subía toda la colonia así, como un cerrito, así bien feo, un chingo de gradas que había, muchísimas gradas. Y nosotros ahí encontramos esas gradas, de suerte las encontramos, todos corriendo y los policías atrás corriendo también. Cuando empezamos a subir las gradas porque eran bien de subida, como escaleras se veían, unos chavos iban casi a gatas ahí subiendo. A la carrera del miedo, pues, y las patrullas con las torretas y luego, cuando empezaron a subir las gradas, empezamos a oír la detonación de las armas. Empezaron a detonar sus armas y nosotros con más miedo todavía. Fuimos, corrimos, corrimos, corrimos. Ahí nos íbamos gritando, pues, que "¡apúrense!, ¡apúrense!, ¡vámonos!, no se queden!" Ahí nos íbamos gritando y una señora más arriba, en una casa, estaba llorando, estaba gritando pues, decía "¡ya, déjenlos, no les hacen nada los muchachos". Ella decía "no les hacen nada, déjenlos, no les hagan nada, no los maten". Subimos hasta arriba donde estaba la casa de la señora, le tocamos. Abajo seguían las torretas, todo. Los policías ya no subieron por la colonia simplemente detonaron sus armas. Serían como unos cinco balazos, nada más en ese momento que detonaron. Y ya le pedimos refugio pues a la tía, le dijimos "tía, ábranos, denos chance". Sí nos abrió. Nos metimos. Cerró sus puertas, apagó sus luces, pero otros cuatro de nuestros compañeros —éramos 14— del miedo siguieron corriendo, corriendo para arriba. Se perdieron ellos entre el montecito porque ya había monte ahí, se perdieron. Nosotros les gritábamos "¡paisa, regrésense!", y por los apodos "¡Chiquilín, regrésate!" Así les estábamos gritando y no, no nos hicieron caso. Tenían mucho miedo y se fueron, pues, corriendo. Ya de ahí no supimos nada de ellos. Nosotros nos metimos a la casa, ya le dije a uno, al paisa, le dije:

—Si quieren no hay problema, yo me rifo, yo voy a buscarlos, a ver dónde están.

—No, no, no, ya quédate aquí, no podemos arriesgarte también.

—Por mí no hay problema, si quieren voy rápido.

—No, ya quédate aquí, los vamos a buscar al amanecer, ellos van a estar bien, se van a saber esconder también.

Nos quedamos ahí. La tía nos empezó a preguntar pues que qué andábamos haciendo. Le explicamos. Ella nos dijo "pues, es que aquí la policía es de por sí bien así, siempre andan dando sus vueltas por acá, supuestamente cuidando". Estuvimos ahí. Empezamos a comunicarnos con los demás compañeros de los que tenemos sus números de celular. Todos con miedo. A esa hora ya eran como las once, once y media, me parece, cuando le mandé un mensaje a un paisa del comité y le dije "paisa, ¿cómo y dónde están?, ¿qué pasa por allá?" Me respondió así "escóndanse, no se separen, nos acaban de rafaguear otra vez, escóndanse, nos reunimos al amanecer". Eso fue lo único que me dijo. Los chavos de aquí de la Normal me marcaban y me mandaban mensajes "qué, paisa, qué, compa, ¿cómo siguen, qué pasa, cómo estás, qué sabes, qué está pasando?" A unos sí les contestaba "parece que mataron a otros compañeros más, no sé exactamente cuántos son los que mataron. Todos estamos dispersados por diferentes puntos de Iguala, estábamos escondidos todos, todos corrimos por donde sea". Le llegué a escribir a un compañero "la neta, pues tengo miedo, la neta, no sé qué va a pasar porque los policías pues nos andan buscando, nomás andan dando vueltas y nos andan buscando, y a ver qué pasa, a ver si no nos vienen a encontrar". Ya pues me contestaban unos compas diciendo "no te agüites, vas a ver que no, escóndanse, cuídense y todo va a salir bien, ya al amanecer ya va a ser diferente y vamos a esperar, nosotros vamos a darles el apoyo pero no podemos irnos ahorita", porque supuestamente tenían retenes donde decían que no iban a dejar entrar a ningún Ayotzinapa que fuera de apoyo de por acá de la Normal, que a todo chavo de Ayotzi lo detuvieran, pues, y lo encarcelaran, y decían que por eso no podían ir. Y así varios se estuvieron comunicando, entonces nosotros nos quedamos ahí. La tía se estaba preocupando también, nos decía "no, pero no quiero tener problemas". Y nosotros le decíamos "no, tía, nos vamos en la madrugada, no se preocupe, no va a pasar nada". Nosotros tuvimos suerte porque estuvimos bajo un techo, hubo compañeros que estuvieron en el monte y como ese día llovió, así despacio pero llovió, pues estuvieron en el campo, entre el monte, entre la humedad, ahí resguardándose.

José, 18, estudiante de primer año. Más adelantito había patrullas de municipales atravesadas en la carretera. Nosotros nos bajamos, empezamos a tomar piedras y los oficiales nos empezaron a insultar, diciéndonos "se van a morir, pinches perros" y así. Uno utilizó una linterna que nos puso en la cara para alumbrarnos y luego tomó su arma de fuego y nos apuntó. Él estaba a una distancia de seis metros y nos apuntó directo al pecho. Nosotros empezamos a decir "¿por qué nos apuntas, por qué nos apuntas?" Luego nosotros retrocedimos. Luego nos percatamos de que nos venían siguiendo. Corrimos ya de ahí y nos fuimos a un cerro. De la parte izquierda subimos a un cerro y nos ocultamos como una o dos horas en lo que es una casa abandonada. Luego de ahí nos bajamos hacia la carretera. Nos fuimos por la orilla de la carretera y ahí nos percatamos de que había varias patrullas, así que nos subimos de nuevo al cerro y nos fuimos por toda una calle de terracería. Escalamos varios cerros. De ahí nos bajamos nuevamente y llegamos a la carretera, a un puente y nos percatamos de que todavía había varias patrullas, alrededor de diez, trece patrullas. Vieron a unos de nuestros compañeros así que venían las patrullas hacia nosotros. Decidimos ocultarnos en el monte de zacate. Empezó a llover y ahí pasamos como alrededor de una hora. Ahí estuvimos escondidos un buen rato. Cuando se fueron las patrullas decidimos seguir por la carretera y uno de nuestros compañeros le llamó a un coordinador y le preguntó dónde estaban. Así que nos dirigimos hacia una Bodega Aurrera, pero no llegamos ahí. Fuimos derecho y nos percatamos que venían dos patrullas hacia nosotros. Íbamos hacia el lado izquierdo del carril, vimos que venían las dos patrullas hacia nosotros. Venían muy recio y nos aventaron la patrulla los municipales, por lo cual ahí pudimos reconocer a una policía, que es una oficial que está detenida. Eso ocurrió durante dos ocasiones. Primero nos aventó la patrulla una vez, luego ahí más adelante retornó de nuevo para aventarnos por segunda vez la patrulla. Durante las dos ocasiones nosotros procedimos a la banqueta y pues no nos mató de milagro porque sí estaba muy cerquita cuando volanteó la camioneta, y nosotros pues de puro reflejo nos aventamos a la banqueta. Luego seguimos caminando, cuando nos percatamos de que venían alrededor de ocho patrullas hacia nosotros. Corrimos como unos quinientos metros y ahí fue cuando nos acorralaron los policías y una camioneta del ministerio público. Así que nosotros al vernos acorralados nos fuimos hacia el lado izquierdo hacia donde estaban unas casas y ahí les hicimos frente a las ocho patrullas y los ministeriales. Empezaron a aventarnos piedras y ya pues nosotros también les aventamos piedras y fue ahí cuando empezaron a aventarnos balazos los municipales. Nosotros corrimos hacia lo que son los callejones y luego procedimos a subir unas escaleras, subimos como unas doscientas escaleras hacia arriba y ya cuando se terminaron las escaleras comenzamos a subir un cerro. Y nos seguían persiguiendo los municipales, nos seguían persiguiendo a punta de balazos. Nos percatamos de que al estarnos disparando nos tiraban a dar porque varios compañeros de nosotros escuchamos el chirrido de las balas rompiendo el aire, sí se escuchaba el chiflido de las balas pasando cerca de nosotros. Seguimos pues arriba de un cerro, ya luego los policías dejaron de seguirnos pero nosotros seguimos corriendo, no nos detuvimos para nada. Ya íbamos bien cansados, ya eran para esto alrededor de las doce de la noche y ahí estuvimos un rato. Una señora nos abrió la puerta de su casa y ahí pasamos la noche, no era en su casa sino en su patio, y ahí pasamos la noche.

Chaparro, 20, estudiante de primer año. El autobús en que nosotros veníamos salió primero. El chofer nos dijo que si le dábamos un momento para que se detuviera porque le iban a entregar unos documentos. Llamó a la persona que dijo que le iba a entregar los documentos pero no llegó al punto donde le dijo. Nuevamente se volvía a arrancar el autobús y nos volvía a decir que le diéramos otros cinco minutos más, que ya venía llegando la persona que le iba a entregar los documentos. Y ya, durante eso, ya habían pasado alrededor de quince minutos en lo que nosotros le dimos y se detuvo. Ya veníamos de salida para cruzar el puente, me parece que se llama Santa María, no sé la verdad. Desconozco. En eso le llamaron al compañero coordinador y le dijeron que los municipales ya acababan de matar a un compañero nuestro. Y le decía al chofer que se jalara rápidamente para regresar al lugar del enfrentamiento. Y arrancó al chofer, pero ya cuando llegamos a lo que es el puente para desviarnos, nos percatamos de que unos compas decían que estaban secuestrando un autobús. Y se nos hizo raro que dijeran eso. ¿Están secuestrando un autobús, pero quiénes? Después, adelante, vimos que estaba la policía federal y la municipal. Estaban ellos dos. Y no sabíamos si eran nuestros compañeros o eran otras personas. Ya después se acercaron los federales, dos patrullas de la policía federal, y nos apuntaron, nos apuntaron como siempre y nos dijeron que tiráramos nuestras piedras. Nosotros les dijimos que bajaran sus armas y que apagaran la luz de la linterna que nos estaba alumbrando. Y empezamos una discusión, este, verbalmente y ya después, nos dijimos groserías, pues. Les decíamos a los policías "hijos de la verga, déjanos ir", y nos decían "no, pinches culeros, ustedes tiren sus piedras". Les dijimos que no. Les dijimos "aquí está su pinche autobús". Ya después nos dimos la vuelta y nos veníamos tranquilamente caminando hacia atrás nuevamente. Recorrimos alrededor de un kilómetro y nos echamos a correr.

Juan Salgado, estudiante de primer año. No llegaba ninguna autoridad para resguardar el lugar de los hechos. No llegaba la policía estatal, no llegaba nadie para resguardar el lugar. Estuvimos, pues, por nuestra cuenta, señalando los cartuchos de bala, ubicando dónde estaban. Les poníamos piedras, les poníamos un vaso o algo para que nadie las moviera, como evidencia. Algunos empezaron a tomar fotografías. Porque al ver que no llegaba nadie, dijimos "pues nosotros resguardamos el lugar aunque sea". Y al poco rato vimos que empezaron a llegar así reporteros, también llegaron compañeros de apoyo de la Normal. Llegaron dos Urvan. Desconozco bien cuántos compañeros eran pero sí llegaron.

—¿Qué les pasó, cómo están?

—Estamos bien.

—¿Y los demás?

—A algunos se los llevaron

—¿A cuántos se los llevaron?

—Entre 15 o 17 se llevaron en las patrullas.

—¿Pero ustedes están bien?

—Sí, pero hay dos heridos.

—¿Y los demás heridos?

—Se los llevaron al hospital.

Y, bueno, ya estuvimos ahí, con reporte de cien preguntas, las entrevistas, y en ese momento un compañero de tercer año nos dio un cigarro y dijo "fúmense un cigarro aunque sea para calmar los nervios, porque sí están espantados". Y nos sentamos en una banqueta.

Germán, 19, estudiante de primer año. Tardamos un rato ahí. Empezaron a tomar fotos, creo que llegó la prensa o algo así, no sé. Empezaron a tomar fotos de donde estaban los impactos, los casquillos, la sangre que había quedado del compa caído. Yo estaba hablando por teléfono con mi novia. Le decía que ya había pasado todo, que ya estaba más tranquilo, que ya se habían ido los policías. Y gracias a eso yo me alejé porque como estaban en bola ahí todos, yo dije "no, pues voy a hablar por teléfono". Estaban como unos cinco conmigo, seis, estábamos cuidando el otro lado de la avenida a ver si veíamos algo. Estaba hablando con mi novia cuando escuché que empezaban a disparar de nuevo. No vi quiénes eran porque yo estaba retirado del lugar, estaba casi en la orilla, lejos de ellos. Yo escuché los disparos. No volteé a ver sino que empecé a correr, a correr. Le colgué a mi novia, porque lo escuchaba. Con nosotros iba una muchacha, una muchacha de otra organización. Ella conocía Iguala y nos hizo el favor, nos metió en una casa. Ahí estuvimos escondidos. Me marcó mi novia pero no le contestaba yo. Le mandé un mensaje de que no podía hablar porque estábamos escondidos, en silencio, para no hacer mucho ruido. Le escribí "yo estoy bien, gracias a Dios, yo te marco, no te preocupes".

Jorge Hernández Espinosa, 20, estudiante de primer año. Estábamos parados en la esquina donde estaban los autobuses. Estaba platicando con mi compañero, ése al que le quitaron el rostro, y me empezó a platicar cómo había estado el problema, cómo se habían llevado a nuestros compañeros y todo eso. Él estaba muy desesperado, muy nervioso, asustado, la voz se le cortaba, así como que quería llorar pero a la vez, no sé, como que tenía miedo pues. Entonces yo le dije a él, recuerdo que yo le dije "a ti no te pasó nada", y él me dijo: "no porque para mi fortuna yo era uno de los que venía hasta atrás y me escondí nada más, y cuando tiraron balazos ellos, les tiraron al autobús", y él se tiró debajo de los asientos.

Entonces ahí de repente pasa una camioneta y nos tomaron unas fotos, sacaron flash. Yo le dije al Chilango "oye, ¿y ése, qué pedo?" No hicimos caso, seguimos platicando y al rato no sé, yo me asomé hacia el otro lado de la carretera y veo a tres hombres vestidos de negro, cubiertos, y ya cuando empezaron a disparar, yo lo que hice fue correr hacia abajo, hacia la parte de abajo, y recuerdo que el Chilango corrió atrás de mí.

Juan Ramírez, 28, estudiante de primer año. Los policías se fueron. Andamos paseando con un primo. Llegaron los periodistas, los reporteros, pues para tomar notas de cuanto cartucho había, algo así. Después de que pasó eso, los compañeros compraron cigarros. Todos los compañeros estuvimos fumando. Yo estaba platicando con el chavo de México. Pero, cómo pasó ese caso, pues, y él también, uno no esperaba... Me comentaba pues que al siguiente día él se iba a ir a su casa porque no quería arriesgar su vida. Él pensaba en su familia, en su esposa, su hija que es lo que le importaba más. De repente yo vi una camioneta negra. Yo no los vi bien. Empezaron a tirar para arriba. Y luego de repente empezaron a tirarnos a nosotros y yo me olvidé del camarada de México. Yo corrí como pude.

Pedro Cruz Mendoza, maestro de Iguala, miembro de la Coordinadora Estatal de los Trabajadores de la Educación de Guerrero. Nosotros estábamos en una reunión con compañeros de la CETEG. Como a las diez de la noche me llegó un mensaje de una compañera. Me comuniqué por teléfono con ella y le dije "¿qué pasó?" Me dijo "oiga, vénganse para acá, compañeros, porque acaban de agredir a los muchachos de Ayotzinapa. ¡Hay un muerto!" Y bueno, como ya es costumbre del gobierno que agreda a los compañeros de Ayotzi, nosotros inmediatamente nos trasladamos al lugar. Fuimos llegando poco a poco cerca de veinte compañeros de la CETEG para apoyar a los muchachos de Ayotzinapa. Hicimos un recorrido con una compañera y nos dedicamos a tomar fotos, a tratar de investigar qué pasó. Un muchacho que tenía un rozón de bala nos explicó que él había resultado herido, y bueno, así estuvimos tratando de reconstruir los hechos. Los choferes estaban muy espantados. Una señora de ahí, de una tienda salió y les ofreció un tequila para el susto a los choferes. Le dijimos "¿cuánto le debemos por la botella?" Contestó "no, quédese con la botella, que sea para ustedes, los vimos muy espantados". Se tomaron un tequila los choferes. Hablamos a otros compañeros y nos decían que ellos ya habían hablado a la Procuraduría de aquí del estado y no había llegado nadie, absolutamente nadie. Cuando nosotros llegamos ya no encontramos al muchacho tirado en el piso, pero encontramos un charco de sangre con una playera. Nos platicaba el muchacho que él que andaba sin camisa, que él se la había puesto en la cabeza su playera porque se estaba ahogando en su sangre, entonces así de esa manera lo auxiliaron, le pusieron solamente la playera. Encontraron muchos casquillos percutidos en el piso, adentro de los carros, sillones ensangrentados. Y como no había llegado nadie de la Procuraduría los muchachos lo que hicieron fue rodear con piedras los casquillos, que fue una manera de marcarlos y nos decían "cuidado, porque ahí hay piedras, están marcados los casquillos, por favor, no los vayan a pisar, no los vayan a patear".

La verdad estuvimos ahí como una hora y media, dos horas, estuvimos ahí tratando de apoyar a los compañeros y esperando a las autoridades. Llegamos como a las diez más o menos, diez y cuarto por ahí y sí, dos horas fácil estuvimos ahí y ninguna autoridad llegó, ¿eh? Yo le dije a los compañeros "¿ya les hablaron a los medios de comunicación?", me dijeron que sí. Pero se tardaron también para llegar. Los compañeros de los medios llegarían cerca de las once, doce de la noche. Como a mí me conocen algunos reporteros, se me acercaron. Yo estaba parado con mis compañeras de la CETEG platicando los hechos, estábamos diciendo "desgraciados, ¿por qué hicieron eso?" cuando se me acercó un reportero y me dijo "maestro Pedro, denos información". Le dije "no, yo no les puedo dar información porque los chavos tienen una estructura, comisionados y ahí están los muchachos, ellos van a ofrecer una conferencia de prensa". Ya se estaba formando la rueda de muchachos y maestros de la CETEG en el Periférico, sobre el Periférico. Estábamos en eso cuando empezamos a escuchar, lo que yo recuerdo es que escuché tres balazos, ¡ta-ta-ta!, pero así seguiditos como en semiautomático, y después vinieron las ráfagas. Ya fue el ametrallamiento completo. De ahí la verdad perdimos a mis compañeras que estaban a mi lado derecho. Quién sabe para dónde se fueron.

Andrés Hernández, 21, estudiante de primer año. Entonces yo lo que hice fue correr y correr. Como conozco la ciudad de Iguala gritaba a mis compañeros que me siguieran pero ellos con el pavor que tenían se dirigieron, se desplegaron hacia diferentes partes. Cuando me di cuenta nada más yo estaba solo. Corrí, corrí como, qué será, unas cuatro o cinco cuadras hacia abajo. Vi un taxi y lo paré. No sé si el taxista no se daba cuenta de lo que estaba sucediendo, no se había percatado, pero se paró y yo me subí sin dinero, sin nada. Iba en huaraches. Le pedí que me llevara a la casa de mi tía, está cerca de la terminal Estrella Blanca y me llevó el taxista amablemente, pues cuando llegué no me cobró nada. Le dije sinceramente que no traía dinero y ya él entendió y se fue.

Entonces, yo estuve tocando media hora en la casa de mi tía porque estaban dormidos. Toqué y toqué, entonces pues se despertaron, me metí y ya. Me metí, me senté. Todavía no podía creer lo que había vivido, estaba… Me hablaban pero no sé, no podía contestar, estaba en shock todavía.

Jorge, 20, estudiante de primer año. Cuando estábamos sentados ahí nomás, de repente vimos de la parte de adelante como que salía lumbre del suelo. Pero eran disparos. Otra vez nos estaban disparando. Tuvimos que correr. Donde estábamos nosotros había una muchacha y la llevábamos porque no podía correr bien. Nos fuimos corriendo por una calle, no sé cómo se llama, y ya ahí en cada calle varios compañeros se dispersaban. No íbamos juntos. Unos se separaron ahí y nosotros nos fuimos con la muchacha y ella como a dos cuadras de ahí nos tocó una puerta y no sé qué era de ella pero ahí nos abrió una señora y nos metió a su casa, ahí nos escondió la muchacha. Nos metió a un cuarto y ahí estuvimos unas quince personas.

Uriel Alonso Solís, 19, estudiante de segundo año. Alrededor de la una de la madrugada ya del 27, llegó un convoy de carros particulares. Una camioneta roja y coches blancos. Se bajaron hombres vestidos de negro, encapuchados, con chaleco antibalas, pero ya no llevaban escudo de ninguna instancia gubernamental. Estaban vestidos totalmente de negro. Pensamos que eran militares o que eran paramilitares por la forma como nos dispararon, pues. Vimos que algunos se tiraron al suelo, otros se hincaron, otros se pararon y empezaron a dispararnos con armas largas. Entonces corrimos todos. Me tocó verlos, como a tres de ellos. Eran altos. No traían casco, solo chaleco, guantes y capucha. Con el pelo corto, así como los militares, y altos pues.

Lo que hicimos fue correr en ese momento. Correr o morir. Todos corrimos. Las detonaciones tardaron un buen tiempo, alrededor de unos cinco minutos o diez, seguía la balacera. Yo me escondí a tres cuadras de ahí, para abajo, en un terreno baldío junto con otros tres compañeros de primer año. Ahí estuvimos. Cuando recién nos habíamos escondido en el terreno, escuchamos como si hubieran agarrado a un compañero que gritaba así como cuando a alguien le pegan. Gritó "¡suéltenme!" Nos dijimos que seguramente habían agarrado a un compañero. Veíamos pasar camionetas, policías. Era una total cacería esa noche, de estudiantes. Empezó a llover demasiado. Estaba lloviendo, lloviendo. Nosotros ahí escondidos en medio del monte, todo oscuro. Marqué a los compañeros para ver cómo estaban. Uno me dijo "estamos arriba de una azotea". Otros me dijeron "estamos en el cerro". Y otros me dijeron "estamos a como unas tres cuadras escondidos aquí en una casa con una señora". Entonces les había ido bien, esconderse en las casas. Y nosotros, pues teníamos mucho frío, y más que nada miedo. De que si nos encontraban ahí, nos mataran. Porque ahí ya no pensamos que nos iban a agarrar nada más. Al contrario, pensamos que nos iban a matar. Por eso era el miedo que teníamos, el temor.

Rodrigo Montes, 32, periodista de Iguala. Yo llegué como a las once y media, aproximadamente. Los autobuses tenían disparos por todas partes. Se veía que por todos los frentes les dispararon. Tenían disparos en las parabrisas, en las ventanillas, en las llantas, en la carrocería de la… vaya, por todos lados. En uno de ellos, el tercero, el último, es donde, dicen los chavos, que fue de donde se bajaron más alumnos y fue donde se resguardaron ellos porque yo creo que sintieron que era el autobús más seguro, al fondo. Pues ahí hubo varios charcos de sangre arriba del autobús. De ahí es donde dicen que se llevaron a la mayoría de los detenidos. Hablaban de 25 a 30 detenidos aproximadamente. Había casquillos por ahí de R-15 y 9 milímetros. Y hubo un lapso de horas en que no pasó nada. En ningún momento llegó ninguna autoridad. Nadie. Cuando yo llegué, incluso, te digo que como a las once y media, no había nadie. No estaba la zona asegurada. No había ejército, no había policía, no había ministerio público. Nadie, nadie, nadie. Pero sí ya habían llegado más chavos de la Normal. Había un promedio de cincuenta personas entre estudiantes y maestros de la CETEG y reporteros. En la conferencia habíamos como seis reporteros. Exactamente cuando se está terminando la conferencia, ellos mencionan los nombres de los que estaban dando la conferencia y empezamos a escuchar las detonaciones. Eran ráfagas. Era una infinidad de disparos. Al principio, muchos pensamos que eran disparos al aire. Pero cuando se empezó a escuchar los proyectiles —se escucha cuando pasan las balas, el zumbido— y los cristales de muchos carros empezaron a reventar, entonces todos empezamos a correr en dirección a donde estaban los autobuses, hacia atrás de la calle Álvarez. Yo, en mi caso, con un compañero nos quedamos en el estacionamiento del Aurrera. Los disparos fueron a matar. Imagínate el terror, la confusión que generó todo eso. Todo el mundo corrió. Muchos se cayeron al correr. Los gritos. Los lamentos de dolor de quienes se quedaban heridos. O sea, era un caos. Fue algo muy, muy, muy terrible. Habría durado como quince minutos, pero no, en realidad fueron tres minutos, cuando mucho. Pero lo sientes como una eternidad. Fueron como tres minutos, pero de disparos sin cesar. Las ráfagas se escuchaban de armas de grueso calibre. Yo me retiré como a la una, una y cuarto y no había llegado ninguna autoridad. Aquellos cuates tuvieron tiempo para hacer lo que ellos hubieran querido. Ninguna autoridad jamás hizo nada.

Gabriela Navales, 28, periodista de Iguala. Como a las once y media de la noche yo recibí una llamada de una maestra que se llama Érika. Me dijo "mire, soy la maestra Érika, soy de la CETEG y me interesaría que nos acompañaras a una conferencia de prensa que se va a dar en Álvarez esquina con Periférico por el ataque que sufrieron los estudiantes normalistas". Le dije que sí, está bien. Le llamé a otro compañero y le dije que checara el dato de una balacera donde hubo heridos, muertos para ver si fue verdad o no. Él lo verificó y me dijo que sí, que se iba a dar la conferencia en unos minutos. Fui con mi esposo y mi jefe del periódico. Llegamos y en efecto había una Urvan, había varios carros atravesados y allí estaban los autobuses. Eran tres autobuses que estaban parados en medio obstaculizando el tránsito. Estaban todos con las llantas ponchadas, las huellas de los balazos. Al subir a los autobuses para tomar fotos, los mismos chavos nos dijeron que subiéramos y tomáramos fotos para constatar todo lo ocurrido porque habían sufrido ellos un atentado por parte de los policías municipales. Entonces subimos a tomar fotos. Había sangre, había incluso una credencial de uno de los chavos. Encontramos piedras grandes, chicas, de todos los tamaños piedras. Ya bajamos y nos dijeron los chavos que esperáramos para que llegaran los demás que iban a llegar a la conferencia. Nos esperamos. A los lados de las calles de Álvarez esquina con Periférico estaban en posición de resguardo varios chavos. Dijeron que venían más compañeros a apoyarlos.

Ahí esperamos un rato y por las doce con algunos minutos es cuando vemos quien nos iba a dar la conferencia. Nos formamos en un tipo "u" alrededor de los entrevistados. Empezó el chavo a hablar sobre el ataque, que fueron los policías municipales. Él empezó a narrar los hechos, llevamos como dos minutos cuando se empezó a escuchar los primeros disparos. Todos gritaron "¡cúbranse, agáchense! ¡Están disparando!" De mi lado derecho varios de los chavos se tiraron al suelo. Otros cayeron. Todos corrieron hacia el centro. Yo me quedé parada, en shock. Una de mis chanclas se rompió y yo me quedé ahí mientras todos corrían. Entonces uno de los chavos me dijo "¡cúbrete, tírate el suelo!" No le hacía caso hasta que uno de los chavos me empujó y me tiró al suelo. Todo el mundo gritaba "¡Al suelo, al suelo! ¡No levanten la cabeza! ¡Al suelo!" Era escuchar no más los gritos y los balazos, las ráfagas. En el suelo todos nos volteábamos a ver y, pues, estuvimos confundidos sin saber cómo actuar o qué hacer. No sabíamos de dónde venía el ataque ni quién nos estaba atacando.

Escuché la voz de mi marido que me estaba hablando de que fuera con él, me jaló y me fui hacia el centro, rumbo hacia la clínica Cristina. Corrimos y seguían los balazos. No paraban. Nos cubríamos entre los autobuses y las paredes. Perdimos de vista a mis compañeros y solamente nos cruzamos con los chavos quienes también corrían por todos lados, todos en la confusión. Cuando ya no se escuchaban los balazos, nos fuimos hacía la calle Juárez cuando mi esposo dijo "¡ahí vienen, ahí vienen!" Vimos dos camionetas grandes que bajaban a toda madre. Me volvió a jalar y fuimos en la otra dirección, hacía la calle Hidalgo. Al regresar por Álvarez nos topamos con unos chavos que estaban heridos que iban en dirección a la clínica. Seguimos hacia Hidalgo. Allí en la esquina de Hidalgo con Pacheco estaban cenando tacos unos cuatro policías, cenando muy tranquilos. Nosotros paramos un taxi y nos fuimos.

Ernesto Guerrero, 23, estudiante de primer año. Nos volvieron a balacear. Estaba en la otra esquina platicando con un amigo cuando nomás de repente haga de cuenta que sonaba a muchos cohetes, a que un paquete de cohetes se hubiera metido a la lumbre al mismo tiempo. Un estruendo horrible, una balacera, una rafagueada, una lluvia de balas que iba contra nosotros. Cuando yo volteé miré que la multitud venía hacia donde yo estaba corriendo. Los medios de comunicación venían corriendo, incluso me encontré al de la tele y le dije "¡graba eso!" y me dijo "¡no, cabrón, a mí me van a matar!" Agarró su carrito y se fue. Yo fui uno de los últimos que se retiró del lugar. En la esquina estaba una maestra y le dije "¿no se va a ir?" Y me dijo "es que a mi esposo no lo encuentro". Total que ahí se quedó. Yo me retiré. Ya todos se habían ido de la Juan N. Álvarez. Llegando a la esquina me doblé con otro grupo de compañeros, dos reporteros, dos maestras y un señor. De ahí nos pasamos a la casa de una maestra.

Coyuco Barrientos, 21, estudiante de primer año. Estaba con mi primo y el otro compañero que falleció. Era compañero mío de la banda de guerra. Al compa al que apodamos Fierro. Otro compa que apodamos Grande y otro que apodamos Sharpa. Empezamos a platicar a ver cómo estuvo el pedo, si estábamos bien. Qué había pasado. Al lado de nosotros estaban los compañeros que llegaban de apoyo, compartiendo los videos. En ese momento estaba dando ya la entrevista, el comunicado, el secretario general.

Yo me separé de ellos para desviar un carro que iba a pasar por ahí, un taxi. Alcancé a ver que había pasado varias veces una camioneta blanca, una Lobo con una antena de radio en la cabina y un acompañante atrás. Pasaron como tres veces, más o menos. Ya no pasó una cuarta vez. Después de esa tercera vez, pasó un coche negro, un Ikon o un Chevy. Pasó muy despacio enfrente de nosotros y un compañero vio que nos habían tomado una foto. Hasta nos dijo "mira, nos flashearon". Lo más raro de ese auto fue que no pasó por el carril derecho, sino pasó muy lento y se pasó al carril izquierdo. Pasando ese auto fue cuando llegó el primer sicario. Empezó a disparar al aire. De ahí empezaron a tirar hacia nosotros. Y yo regresé a ver y claramente se veían las chispas de las balas donde se iban en el suelo, parecían cohetes de Navidad. Todas las chispas iban rebotando en el suelo hacia nosotros. Todo eso no lo quería creer. Parece de película cuando te dicen que ves la vida correr ante tus ojos. Así que pues lo que hicimos en ese mismo momento fue correr. Después se bajaron otros dos sujetos y empezaron a tirar contra nosotros, todos encapuchados, vestidos de negro. Eran ráfagas, no dejaban de tirar. Estaba uno de los sujetos mero en medio de la carretera, otro al lado de él, casi pegado a los autos, y el otro estaba en la banqueta, ya pegado en la pared de los edificios. Y tiraron solamente a los que estábamos en la carretera, a los que estaban dando ahora sí que la nota. Como pude corrí. No sé cómo pero llegué hasta donde estaban unos autos estacionados. Muchos compañeros corrieron con nosotros. Otros compañeros corrieron en dirección a los autobuses, hacia la bodega. Se tiraron a perder. No supimos de ellos. Yo ya no me percaté de dónde estaba Daniel. Yo tenía la confianza, la certeza de que se había salvado, corrido. Y como pude corrimos a los autos a escondernos, defendernos. Y los pinches güeyes seguían tirándonos. No dejaban de disparar.

Jorge Hernández Espinosa, 20, estudiante de primer año. Doblé a la primera cuadra, luego bajando hacia allá doblé otra vez a la primera cuadra y me encontré con un callejón, un callejón así cerrado y ya yo no supe si darle para arriba o para abajo. En ese momento como que se me fue un poco la mente, así, se me nubló el sentido porque yo recuerdo que le pensé para dónde darle, "pero si voy para arriba voy a salir a dar donde mismo…"

entonces yo lo que hice fue correr hacia abajo. Correr, y fui a dar a una casa donde estaban las ventanas abiertas y tenían la luz prendida. Toqué la puerta varias veces y no me querían abrir. Entonces mi compañero, el otro, ese al que le quitaron el rostro, yo recuerdo que siguió corriendo porque yo recuerdo que le dije "no, espérate, vamos a meternos aquí en la casa" y él siguió corriendo con las ansias de querer alejarse, irse muy lejos, él siguió corriendo y ya no supe nada de él. Yo les dije a los de la casa, pues, yo les pedí por favor, pues, suplicándoles, que me dieran permiso de quedarme, que yo no iba a causarles ningún problema, pero que me dieran permiso. Recuerdo que no me respondieron. Yo me volé la barda y me empezaron a decir que por favor que me saliera y entonces yo les expliqué, les dije "déjenme explicarles nada más y ahorita me voy" y ya les expliqué lo que había sucedido y me preguntaron que si nadie me había visto llegar ahí. Yo les dije que no.

—¿Estás seguro?

—Sí, no, nadie.

—¿Nadie te vio?

—No, nadie me vio.

—¿Seguro?

—Sí.

—Okey, aquí te puedes quedar.

Entonces yo me quedé ahí en esa casa, adentro de la casa, solo.

José Armando, 20, estudiante de primer año. Yo con otros cinco compañeros quedamos abajo de un Tsuru. Veíamos cómo salían las chispas, se veían como cohetes y pensamos "no, otra vez, ya hasta aquí llegamos". La mente se nos puso en blanco. Dijimos "no, pues ya, ora sí ya valió" y vimos cómo cayeron los compañeros, cómo estaban tirados. Después corrimos una cuadra a un callejón, saltamos una barda de tres metros, saltamos como cayera pues, porque pues nos andaban buscando, como cayera y había láminas y todo. Después de eso, como a la una, empezó a caer el agua y ahí estábamos, bajo el agua, escondidos. Era una casa y nos dijo el tío de la casa que sí nos podíamos quedar, pero no hasta dentro de su casa, sino que afuera, ahí en su patio. Estaba encerrado y ahí estábamos y cayendo el agua, mojándonos, hasta las cinco de la mañana. Teníamos miedo porque estaba a un ladito de donde pasó eso, donde estaban tirados nuestros compañeros. Ahí estuvimos bajo el agua y veíamos cómo pasaban las patrullas buscándonos por las calles, se paraban a veces ahí pero nosotros así, calladitos.

PVC, 19, estudiante de primer año. Dos compañeros cayeron ahí mismo. Nos dispersamos por donde pudimos, todos corrieron dejando a los compañeros ahí pues, porque no había otra manera de ir a traerlos, porque ya si nosotros regresábamos pues también nos mataban, es que así corrimos nosotros, nos dispersamos por diferentes lugares. Nosotros éramos cinco y nos metimos a un terreno baldío. Nos escondimos pero nos dimos cuenta de que seguían pasando los carros, pues, los carros seguían pasando, seguían circulando por esa área, motos, sí, pasaron como ocho motos más o menos y camionetas pasaban, camionetas, entonces ahí estuvimos un buen tiempo y con la lluvia, estaba lloviendo. Nos percatamos de algo, que se escuchaban gritos como si a alguien lo estuvieran torturando. Escuchamos como que alguien gritaba "¡ayuda!" Pero ni para salir a ayudarlo porque andaban rodeando toda esa zona.

Miguel Alcocer, 20, estudiante de primer año. Alcancé a ver cuando bajaron, iban encapuchados. Se bajaron y nos volvían a tirar. Creo que los primeros dos disparos fueron al aire para avisar, después ya eran directos hacia uno. Yo luego luego en el primer disparo tenía que cruzar la calle hacia donde estaban los autobuses. En el primer disparo crucé, corrí hacia allá. Casi al llegar a la esquina, no sé, alguien de mis compañeros me empujó, yo empujé a otro, y caímos. Quedé bien raspado de mis piernas, de mis rodillas y como que en ese instante perdí la noción. Pero al instante otra vez reaccioné y me volví a parar y cuando volteé hacia atrás vi cómo retachaban las balas y se oía que con metralletas disparaban porque ya eran así seguidos. Creo que fueron como tres descargas que hicieron ahí. Me paré y corrí hacia abajo. Mis compañeros salieron hacia abajo y los alcancé, corrí y todavía seguían tirando. Nosotros ya íbamos como a la segunda cuadra y todavía se oían los disparos. Corrí con ellos, con esa bolita de mis compañeros pero yo no sé, pues, los dejé a ellos y crucé yo a la segunda cuadra y corrí todavía un poco, pero cuando vi que ya venía solo, como que me agüité y me volví a regresar a buscarlos a ellos. Vi que otros cinco de mis compañeros de la Normal venían y dijeron "¿dónde están los demás?" Les dije "no sé". Entonces los seguimos cuando oímos que maestras de la CETEG también ya venían. Tres señoras venían, y ya no podían, se veía que ya venían agitadas y, por el miedo, que ya no podían correr. Las ayudamos a las maestras y corrimos así a una calle pero era un callejón. Nos metimos y las maestras les gritaban ahí a las casas que nos abrieran, que nos querían matar y pero nunca nos abrieron. Después nos volvimos, las maestras decían que nos saliéramos de ahí porque ahí estaba peligroso, que era callejón, ni pa' dónde correr otra vez. Nos salimos y estábamos cerca de la calle cuando escuchamos que pasaban camionetas. Estaba la esquina de esta calle y estaba otra calle hasta allá y nosotros, al llegar a la otra esquina, vimos una camioneta donde iban armados unos. Pasó la camioneta bien recio y a lo mejor no nos vieron porque los vimos y al instante con las maestras nos tiramos. Había un carro ahí y nos tiramos. Yo digo que ellos no nos vieron porque pasó muy rápido la camioneta.

Cuando llegamos a la calle, vimos a un señor que estaba metiendo ya sus cosas, creo había ido a vender o algo. Le pedimos que nos diera permiso de pasar, pero no quería el señor, decía que no, que no quería problemas. Las maestras llorando le decían que por favor, y entonces dijo que sí. Nos metimos, pero ahí nomás estuvimos como dos horas, y como a las tres de las mañana el señor nos dijo que nos fuéramos de su casa, que no nos quería ver ahí, que a ver a dónde nos íbamos. Con mis compañeros nos agüitamos porque los del comité... unos compañeros estaban ahí escondidos y veían que pasaban camionetas que andaban buscando a nuestros compañeros. Nos decían que no saliéramos de esa casa, porque nos podían agarrar. A nosotros eso era lo que más nos agüitaba de salir porque ya nos habían dicho que andaban las camionetas buscándonos. Les dijimos a las maestras que ya nos habían corrido, que nos saliéramos de su casa, que ya nos había dicho eso el señor. Pero una maestra de ahí tenía su casa, de ahí nos dijo "no hay problema, muchachos, préstenme su teléfono y le voy a hablar a dos taxis para que me lleven a mi casa". Hablaron, llegó el primer taxi, la maestra se subió y yo ahí me fui en ese primero, pero íbamos tirados de a tres para que no nos vieran que íbamos ahí. Ya llegamos a su casa, nos pasaron y después fueron a traer a los demás compañeros y ahí estuvimos.

Coyuco Barrientos, 21, estudiante de primer año. Vi que un compañero de tercero se cayó. Regresé a tratar de ayudarlo. Se alcanzó a parar y seguimos corriendo. Pero éramos muchos los que estábamos ahí entre los autos. Estábamos todos hechos bola. Yo ya no cabía para meterme más. Quedé entre la pared y la punta de uno de los autos. Fue cuando me percaté dónde estaba el otro sujeto disparando en la banqueta. Varios balazos me pasaron cerca del cuerpo. Al parecer, eran balas expansivas porque me cayeron varios pedazos en las piernas y me alcanzaron a doler. En ese momento pensé que me habían pegado, que me habían dado algunos impactos. Pero me revisé y no tenía nada. Los compañeros que estaban amontonados alcanzaron a correr. Y los que nos quedamos, nos metimos debajo de los autos. Otro compañero igual de la banda de guerra se quedó conmigo debajo de un auto. Y otro compañero de mi cuarto también ahí estaba conmigo a un lado. Otro compa de transportes también. Éramos como unos ocho más o menos los que estábamos ahí. El compa que estaba al lado, de la banda de guerra, tenía mucho miedo. Ya no aguantaba. En cada impacto se quería meter más debajo del auto y lo movía. Yo le decía "cálmate, trata de calmarte. No te aceleres mucho, ahorita veremos la forma de salir". Ya cuando revisé lo que es la zona, todo a mi alrededor, logré ver que debajo del carro donde estábamos estaba goteando gasolina. Y les dije a los demás compas "¡jálense a la chingada, vámonos de aquí", porque todavía seguían tirando y si nos llegaba una bala ahí íbamos a valer madre. Yo me quedé casi hasta el último, corrimos todo lo que pudimos. Vimos un local vacío, un terreno y estaban hasta el fondo unos baños. Ahí nos metimos. Estaba una barda, y estaba una malla en la esquina. Les dije "jálense por ahí". Otro compa nos iba echando aguas. Nos quedamos casi al último. Íbamos pasando uno por uno, revisábamos que no se quedara nadie. Y pasábamos como podían se tiraban los compas, unos se quedaban agachados, el otro que iba atrás le ayudaba. Al momento de pasar yo, pues como pude me tiré igual. Ya cuando no vi movimiento les dije "jálense, vénganse de volada". Logramos pasar todos. Estaba todo oscuro. Caímos en láminas de fierro. Había muchas varillas, madera, era como un patio, una bodega. Nos metimos lo más que pudimos y llegamos a dos casitas, como tipo vecindad. Vimos que estaban otros compas que habían corrido. Se habían subido a la azotea de una de las casas. Y otros compas se pasaban a la casa de al lado. Brincaban la barda y pidieron permiso a los dueños, a los tíos de ahí. Y sí, nos dieron chance de quedarnos ahí, de escondernos, de esperar. Estuvimos checando quién estaba ahí, qué había pasado. En ese momento fue cuando nos dijeron que cayeron dos. Y uno de ellos que me dice "no, pues, uno de ellos fue el Chino". Así le decíamos a Dani. "Fue el Chino".

Yo no quería creer que era él. Yo quería creer, pensar que él se había salvado, que había corrido. Pero empezaron a llamar a los demás compañeros. Y seguían diciendo lo mismo, "cayó el Chino, el primo del Coyuco". Cuando estábamos debajo de los autos, me llamó su primo preguntándome por él. Que qué estaba pasando. Todavía se oían las ráfagas de aquellos hijos de su puta madre. Y le dije "mira, güey, ahorita no puedo hablar. Nos están chingando. Nos están rafagueando, güey. Háblenles que se jalen para acá, o que no vengan, que se aguanten, porque si no se los van a chingar a ellos también, a los demás. No puedo hablar, te hablo cuando pueda. Ahorita lo que vamos a hacer es tratar de escondernos". Le colgué. Fue cuando empezamos a correr y nos metimos a las casas.

Estábamos todos amontonados ahí dentro del patio. Tratando de escondernos lo más que podíamos. No podíamos hacer ruido para que no nos fueran a encontrar. Cualquier ruido que oíamos, ya estábamos todos alerta. Nada más estábamos esperando a ver, por si llegaban, por dónde brincarnos, por dónde correr. A otro compa le hablaron y le dijeron que no nos moviéramos, que los güeyes aquellos seguían buscándonos. Ya no se oían impactos, no se oían balas pero seguían buscándonos. Andaban dando vueltas ahí cerca de la escena. Ahí tardamos más de cuatro horas en espera. Empezó a llover. Nos refugiamos todos debajo del techo de los baños de la casa. Los otros compañeros no se bajaron de la azotea, ahí estaban con el frío, estuvieron bañándose con la lluvia. No se quisieron bajar. Nos avisaban si es que viniera alguien para poder correr nosotros. Y así pasaron todas esas horas. Casi nadie tenía pila ya en el celular. Lo que hacíamos era apagarlos, tratar de ahorrar la batería para, por cualquier emergencia, poder llamar y avisar lo que estaba pasando.

Juan Pérez, 25, estudiante de primer año. Vi que un compañero cayó. Pensé que le dieron. Le dije a un compañero "cayó un compañero, no sé si le dieron, pero vi cómo se cayó". Y al momento de ver para atrás ya no estaba en el suelo. Después, en unos segundos estaba enfrente de mí, no sé cómo le hizo, la libró, y estaba enfrente de mí, ya pues con su labio ya destrozado por la bala. Sangraba mucho. Lo agarramos entre todos y lo llevamos una cuadra, pasamos una cuadra, y en dos casas tocamos. Pensamos que era una Cruz Roja. Tocamos y les pedimos que nos apoyaran con el compañero que estaba sangrando mucho. La señora lo pensó dos veces "¿si abro, no abro, si abro?", hasta que por fin nos abrió y entramos todos ahí ya para ocultarnos. El compa estaba sangrando, con una playera secaba sus labios. A la enfermera, bueno no sé si eran enfermeras, pues no estaban uniformadas, eran dos señoras, y les preguntó un paisa "oigan, ¿no hay doctor o algo, aquí?" Dijeron que no, que estaba cerrado, que ya era de noche y no había doctor. "¿No lo pueden llamar o algo?" La que estaba encargada de la clínica marcó, pero no contestaba, entraba a buzón su celular. En ese momento dijo el paisa "súbanse hasta arriba", pensando él que ellos iban a venir a balacearnos otra vez en la clínica. Le digo al paisa "¿subimos hasta arriba todos?" Dijo "sí". Y subimos hasta arriba. El compañero ya no aguantaba, no podía respirar. Sacaba su cel y anotaba "ya no aguanto, ya no aguanto". Mientras lo estabamos agarrando se caía un chingo de sangre entre las escaleras, todo, salpicando, donde se sentó también arriba en una mesa, llenó de sangre la mesa. Pensamos que se iba a desmayar. Lo bajamos. Un compa salió de ahí pues, y le dijo a unos taxistas "apóyennos, aquí va un compañero al hospital" pero no quisieron. Pasaron, haz de cuenta que nos venían a vigilar yo creo. Pasó otra vez el taxista, y otra vez le dijeron "apóyanos pa' llevar al compañero, es que nos hirieron". Pero no, no nos hizo caso. Ya que ya no aguantaba el compañero, nosotros fuimos arriba, ya en el momento en que estuvimos en la azotea, al momento de sacar mi cabeza, estaba el carro de los militares. Ya no sé cómo se metieron adentro, pero ya cortaron cartucho y se bajaron a los compas. Dijeron "¡bájense!" Yo me escondí, éramos tres, pero al último regresó otro compa, y dijo "ay, ya, de una vez que nos agarren". Ya nos bajamos todos. Yo traía mi mochila. Siempre ando cargando mi galleta y mi agüita para cuando tenga hambre. Nos dijeron "ustedes de la mochila, dejen su mochila", las dejamos. Nos dijeron "el que trae celular pónganlo en la mesa". Sacamos todos nuestros celulares y los pusimos ahí en la mesa. Antes quité el chip y lo guardé. Entró el comandante de los militares, creo, y nos preguntó "¿de dónde son?" Dijimos "somos de Ayotzinapa", y pensamos nosotros que nos iban a apoyar, que nos iban a respaldar. No hicieron eso. Nos ignoraron, "a ver, siéntense allá" y nos sentamos todos allá. Al compa al que hirieron con bala en su labio le preguntaron cómo se llama, de dónde era. Un paisa les dijo a los militares "¡por favor, ayúdennos! ¡El compa se está desangrando! ¡Pidan una ambulancia!" Pero no le hizo caso en ese momento. Nos estaban diciendo "esto no se hace", que eso lo que estábamos haciendo estaba mal, que a nuestros padres había que demostrarles que somos estudiantes con las buenas calificaciones. Después dijo que en una media hora llegaría una ambulancia. Y en ese momento se salieron y se fueron, así sin nada, nada más. Como había llegado el doctor también, nos dijo que iba a cerrar la clínica, "sálganse, voy a cerrar". Yo pensé que en un momento iba a llegar a apoyarnos pero nunca nos apoyó. Al compa herido no lo ayudó. Tan siquiera un alcohol hubiera dado, pero nada. Nosotros salimos corriendo como asustados, ya pensamos que iban a regresar otra vez, como los militares que no nos apoyaron, no nos resguardaron, no nos respaldaron en nada. Se fueron, nos dejaron así nada más, ya que se fueron los militares también nosotros salimos corriendo.

Omar García, 24, estudiante de segundo año. Nosotros llegamos a la clínica Cristina, ahí nos refugiamos un momento hasta que llegaron los militares, irrumpieron, llegaron con el dueño de la clínica. Él iba con ellos, lo llevaban de hecho en sus patrullas. Y bueno, ahí fue donde se armó el desmadre, y grande, pues, por la falta grave de atención en la cual incurrió el ejército porque en vista de que teníamos un herido, de que nos habíamos identificado como estudiantes de Ayotzinapa y un maestro que estaba con nosotros, pues tuvieron que ayudar, definitivamente. Se dieron cuenta de que no éramos delincuentes, que éramos estudiantes, que teníamos un herido grave, tuvieron que haber hecho lo que estuviera a su alcance para atenderlo, y yo creo que tenían mucho a su alcance, o sea, tenían patrullas, tenían autos pues para trasladarlo inmediatamente. A nosotros no nos interesa que nos llegaran amenazando de delincuentes o acusando, lo que queríamos era que se atendiera a nuestro compañero. Si nos iban a hacer un juicio, si se nos iba a extender una averiguación previa o lo que fuera, pues eso es después, pero primero que atiendan al herido. Pero eso no lo hicieron, en lugar de eso nos tomaron nuestros datos, nos fotografiaron a todos y se retiraron amenazándonos con que ahorita venían los policías municipales. Aparte, al pedirnos nuestros datos, nos dijeron bien claro, clarito, porque hasta lo repitieron con el dedo "dennos sus nombres reales, porque si nos dan un nombre falso, nunca los van a encontrar". Y nosotros en ese momento no sabíamos nada. Nosotros creímos que a los compañeros que se habían llevado los íbamos a ir a traer al día siguiente a la cárcel, bajo fianza o como fuera, un proceso legal, jurídico y los sacaríamos porque éramos estudiantes, como en años pasados, como en épocas anteriores donde caen estudiantes, se les saca de la cárcel bajo presión política o como fuera. No sabíamos que se estaba orquestando una desaparición forzada.

Edgar Yair, 18, estudiante de primer año. Yo corrí todo derecho. Cuando iba a media cuadra escuché que un compañero gritó que un compañero estaba herido, que los esperaran. Nosotros nos paramos para ver qué sucedía. Y efectivamente veíamos a un compañero que venía herido de la boca, que ya no tenía ningún labio, ya no tenía nada. Nosotros lo cargamos. Y los vecinos de ahí nos decían "no pues métanlo aquí en nuestra casa". Nosotros no queríamos, queríamos un hospital. Y les gritamos que dónde había un hospital. Ellos decían que más adelante había uno. Así es que corrimos. Y sí estaba un hospital. Tocamos pero era un laboratorio de rayos x y salieron dos señoras, no sé si eran enfermeras o si solamente estaban cuidando ahí. Pero nos dijeron que no lo podían atender que porque no había doctor, que no había material para curarlo pues porque ahí era un laboratorio nada más de rayos x. Pero que sí nos daban permiso de mantenernos ahí hasta que amaneciera. Y dijimos que sí. Intentamos parar un taxi, pero ninguno nos quiso ayudar a llevarlo a un hospital al ver al compa herido. Estuvimos ahí en la casa cerca de una hora, más o menos, cuando llegaron los militares. El compañero ya casi se estaba desangrando. Él escribió a un compañero en su celular que lo sacaran de ahí porque ya no aguantaba, se estaba muriendo. Y nosotros tratamos de hacer todo lo posible para sacarlo, pero llegaron los militares. Y ya nos iban a arrestar. Nos habían quitado los celulares. Nos tomaron fotos. Y un comandante de ellos nos dijo que pues nosotros no teníamos necesidad de estar haciendo nada allá, que a dónde nos fuimos a meter, que nosotros buscamos nuestra propia muerte. Y nosotros empezamos a decirle que éramos estudiantes aquí de la Normal. Y él nos decía que no, que para él éramos unos delincuentes, que mejor le mostráramos que somos estudiantes con nuestras buenas calificaciones. Estaba también un maestro que nos apoyó y les dijo que nos echaran la mano, que no nos llevaran, y que le dieran atención a mi compañero herido. El doctor llegó al último. Yo creo que lo habían llamado las señoras. Llegó, pero ahí estaban los militares y no dejaran que lo atendiera al muchacho ni nada. El doctor sólo dijo que era el dueño de ahí. Fue lo único. No dijo más. El comandante de los militares nos dijo que ahí no podíamos estar, que buscáramos en donde, pero que ahí no.

Iván Cisneros, 19, estudiante de segundo año. Yo no corrí demasiado porque vi que a un compañero lo traían cargando, al compañero de tercero que le dieron en la boca. A ese compa lo ayudamos a cargarlo y lo llevamos donde estaba la clínica. Caminamos una cuadra, dos cuadras a lo mucho, y estaba la clínica. Ahí estaban unas enfermeras pero ellas decían que no había médico. Me parece que las enfermeras se fueron y ya nos dejaron ahí. A los chavos se les dio la orden de que subieran hasta arriba y que no bajaran. Yo me quedé abajo con otros compañeros pero escondidos. Las paredes eran de cristal, las ventanas y todo eso, y se veía al interior. Teníamos miedo de que nos vieran. Estuvimos ahí un rato. El compañero que se estaba desangrando escribió en su celular "sáquenme de aquí porque me estoy muriendo". Estábamos ahí casi unos diez minutos cuando yo bajé las escaleras, porque había ido arriba para ver a los compañeros, y vi que empezaron a llegar los militares, que estaban ahí en la puerta. Le dijimos al secretario que estaba ahí con nosotros "oye, güey, están los militares ahí abajo". Pero nosotros pensamos pues que nos iban a auxiliar o algo y les abrimos la puerta. Ya que entraron con esa sutileza que tienen los militares diciéndonos "¡a ver, cabrones, bájense todos!", empezaron a apuntarnos, ya nos pusimos en la parte de la sala. Más o menos nos dijeron de la siguiente manera "así como tienen huevos para hacer sus desmadres, ahora ténganlos para enfrentarlos". Algo más o menos así nos dijeron. Nos bajaron a todos los compañeros. Nos hicieron poner nuestras pertenecías, celulares, llaves, todo en la mesa que estaba ahí. Y prácticamente nos dijeron que nos iban a pasar detenidos porque estábamos en propiedad privada o algo por el estilo, por allanamiento de propiedad privada. Que nos iban a pasar detenidos con los policías municipales. Y ya pues nosotros dijimos que no, que ya nos habían balaceado anteriormente. Nos dijeron "ustedes son los que invadieron acá". Y después dijo que estaban dos compañeros tirados ahí en la calle. Y nosotros ni sabíamos. Nos cayó como un balde de agua fría cuando nos dijeron que había dos muertos más. Nos tomaron las fotos ahí y casi casi pues nos corrieron de ahí. Nada más se quedó un compañero con el que estaba herido esperando una ambulancia y los demás nos fuimos corriendo alrededor de una cuadra y ahí doblamos a la izquierda. Ahí una tía nos dio alojo.

Juan Salgado, estudiante de primer año. Seguí corriendo y a dos cuadras vi que traían a un compañero, lo traían entre los brazos, cargando y el compa venía sangrando. Pensé "ay, ¿qué le habrá pasado a este compañero?" Me detuve para ver, y fue cuando vi que ya no tenía los labios. Los compañeros pues también se cansaron y lo que hice fue relevarlos para llevar al compañero. Los disparos seguían y seguimos corriendo como pudimos. Llegamos a la clínica, a una clínica particular —no, perdón— íbamos corriendo e íbamos preguntando "¿un hospital o una clínica por acá para el compañero?" Y de ahí una señora, una mujer embarazada en el segundo piso de una casa nos gritó "ahí está una clínica".

—¿Dónde, dónde?

—Ahí, donde están ustedes, ahí está, enfrente.

—¡Muchas gracias!

Tocamos y ahí estaban dos recepcionistas, las luces estaban apagadas pero ahí estaban las recepcionistas. Les tocamos y decíamos "¡ábrannos, por favor!", pero como que estaban pensando si abrirnos o no. "¡Ábrannos, por favor, es que tenemos un compañero herido, por favor!", así casi llorando les estábamos pidiendo que por favor nos atendieran. Y ya que nos abrieron todos nos metimos, éramos alrededor de 27 compañeros. Los demás corrieron por donde pudieron. Muchos nos escondimos entre las escaleras, ahí estábamos sentados, el compañero que estaba herido pues estaba ahí sentado en el sillón, sangrando. Dije "un doctor, un cirujano, pues, para que vea al compañero". Dijeron que no estaba, "ahorita no está, el doctor no está, le voy a tener que llamar". Le estuvo llamando hasta que contestó el doctor y dijo que no, él no iba a ir porque ya era noche. Y pues ahí estuvimos, "por lo menos llámele a un taxi o una ambulancia para que nos lleve al hospital". Sí vieron que el compañero estaba grave, pero lo único que nos decían pues era que el doctor no podía porque ya era noche, que no nos podían atender. Era lo que nos decían, pero vimos que le llamaron a un taxi y que no, que los taxistas no iban a ir porque por ahí, que por ahí había balacera, que no podían ir, no querían arriesgarse los taxistas. No quisieron llamar a la ambulancia. Estuvimos ahí media hora, cuarenta minutos aproximadamente, y llegaron los militares. Llegan dos patrullas de militares y nos bajaron, nos hicieron que enseñáramos todas nuestras cosas, lo que traíamos, nos revisaron como si fuéramos los sospechosos o algo. Tomaron nota de cuántos éramos, pero lo que a mí se me hizo raro es que cuando llegaron los militares las recepcionistas ya no estaban. Los militares buscaron bien por todo el lugar y no, no estaban las recepcionistas, nomás estábamos nosotros. Yo me pregunto: y bueno pues, qué es esto, qué pasa, cómo es posible que ellas no estén y cómo es posible que ellos, los militares, empezaron a tomar nota de los que estábamos ahí, del compañero herido, ¿por qué no lo atendieron si estaba grave? Les dijimos "por lo menos sería llamar una ambulancia, un taxi para que lo llevara a un hospital". Pero no quisieron llamar a la ambulancia o los taxistas. Los militares dijeron que ellos no nos podrían llevar detenidos porque ése no era su trabajo, su trabajo es ora sí que vigilar, y que detenernos es el trabajo de la policía municipal. Pero aparte ellos dijeron que sí iban a andar vigilando porque había tres cuerpos tirados en el lugar en donde se quedaron los autobuses. Fue ahí cuando nosotros nos enteramos. Nos estábamos preguntando de quiénes eran esos cuerpos, quiénes eran, si eran compañeros de la escuela. El, no sé, el comandante, el dirigente que iba con ellos, él nos dijo que iba a llamar a los policías para que nos fueran a traer, porque el acto que nosotros hicimos fue vandalismo. Dijo pues que ellos entienden la lucha que nosotros tenemos, pero que para ellos es mejor que luchemos nosotros demostrándolo con buenas calificaciones, con estudios, superándonos en lo académico, como queriendo decir que lo que estamos haciendo está mal, y que mejor sigamos conformándonos con lo que nos dan, con la educación, y ya te fue bien si agarraste trabajo, qué bueno, y si no pues ni modo. Nada más con eso, es lo que nos dio a entender, que nosotros no sigamos nuestra lucha porque los resultados son compañeros heridos, fueron los regaños pues que nos dijo. Y según ellos así calificaron nuestra lucha, de vandalismo, y que iban a llamar a los policías municipales para que nos fueran a traer y que nos llevaran detenidos a Barandillas. Nosotros le dijimos que no, nosotros no confiamos en la policía municipal, que si quisieran que nos llevaran detenidos ellos y que ellos nos tuvieran resguardados. Pero ellos insistían, dijeron "es que a nosotros no nos toca, si nosotros nos metemos, ellos se van a ir contra nosotros y nosotros llevamos las de perder". Así nos dijo un militar y pues le dijimos que por lo menos llamara una ambulancia para el compañero. Dijo "la ambulancia ya viene en camino, nosotros los dejamos y nosotros nos pasamos a retirar, aquí esperen la ambulancia para que se lleven a su compañero". Dijimos entre nosotros "no, pues, ya con eso ya nos tienen ubicados", pero tampoco queríamos dejar al compañero que estaba herido de los labios. Uno dijo "déjenme con él, si ya viene la ambulancia pues la esperamos, yo me voy con él, con la ambulancia, ustedes vayan, corran, escóndase donde puedan". Así nos dijo el compañero cuando los militares ya se habían retirado. Estaba con nosotros un profesor, no recuerdo de qué escuela era el profesor pero nos acompañó y nos apoyó y él también se quedó con el compa herido. Llegó un doctor, un doctor gordo, no muy gordo pero sí. Lo único que dijo fue que era necesario llevar al compañero al hospital, nada más. Ya de ahí nos salimos corriendo por donde pudimos.

Pedro Cruz Mendoza, maestro de Iguala, miembro de la Coordinadora Estatal de los Trabajadores de la Educación de Guerrero. Cada quien corrió por su lado, todos nos perdimos, nos ocultamos donde pudimos. Lo que yo hice fue que me aventé sobre la calle de Álvarez en un autobús. Ahí estuve tirado un buen rato. Yo les decía a los muchachos "¡no se levanten!" La balacera duró, yo le calculo, unos tres, cinco minutos. Yo estuve tirado un buen rato y le decía a los compañeros de Ayotzi "no se levanten, no se levanten, aguanten, aguanten, no se levanten", porque seguían disparando. Lo que yo pensaba era que si nos parábamos nos iban a blanquear. Ya cuando se hizo un pequeño descanso, saqué mi teléfono y le hablé a un compañero de Tixtla. Le puse el altavoz y le dije "¡oye, Juan, nos están rafagueando!" Y volvieron otra vez a disparar ¡taka-taka-taka-taka! Y le digo "¡oye, Juan, nos están disparando, nos están rafagueando!" Me dice él "¡escóndete, escóndete!", y le digo "¡mándame a los medios!" Él fue vocero a nivel estatal de la CETEG, entonces varios compañeros de la prensa lo conocen y se llevan muy bien con él. En eso me dijo un chavo de Ayotzi "préstame el teléfono, profe, voy a filmar". Yo le dije "no, no, no, no, no, si te sales a filmar te van a matar, no, vámonos, vámonos". Del autobús donde estábamos tirados todos, avanzamos unos quince, veinte metros e iba sangrando un muchacho, entonces ya nos le acercamos y lo agarramos y me preguntaron los muchachos "profe, ¿para dónde? Vamos al hospital general". Yo les dije "no, de aquí al hospital general está muy lejos, está muy lejos", son como cinco kilómetros, les dije "no vamos a llegar caminando, se nos va a morir". Regresamos otra vez a la calle de Álvarez de una callecita que nos habíamos metido y quisimos parar varios taxis pero nadie nos levantó. Agarraban, se echaban de reversa y se iban. Y me acordé, dije "aquí hay una clínica, vamos a la clínica, aquí está una", y me acordé de la Cristina.

Llegamos y había solamente dos enfermeras. La clínica estaba cerrada pero había dos enfermeras. Tocamos la puerta fuertemente, salieron las enfermeras y no nos querían abrir. Hasta que los muchachos les rogaban "ándele, tía, ábranos", y yo les decía también "oigan, se nos está muriendo el muchacho, ábranos por favor, se nos está muriendo", y les pusimos al compañero enfrente para que lo vieran. Hasta entonces se conmovieron y abrieron la puerta y nos metimos. Pero ellas se fueron, ahí nos dejaron solos. No había ningún doctor. Entonces sentamos al compañero en la salita de espera, lo sentamos, le empezamos a echar aire con lo que podíamos, la mano, la playera, alguien encontró por ahí una revista y le empezó a echar aire en la boca porque él decía que se podía ahogar. Se comunicaba con su celular, no podía hablar. Es mentira que podía hablar, sacó su celular y decía "necesito aire, me estoy muriendo, me siento muy mal". Así con el celular se comunicaba con nosotros y pues al ver esta situación comencé a hablar con los compañeros de la CETEG, y les decía que nos vinieran a auxiliar porque el chavo se nos estaba muriendo. Inclusive yo le hablé a un hermano que tengo para decirle que nos habían balaceado. Yo pensaba que me iban a matar, honestamente, que nos iban a matar. Le hablé a mi hermano y le dije lo que había pasado, le dije "entonces si me matan, que no me acusen de que anduve en la delincuencia organizada, nos mataron, nos van a matar, por qué pasó esto". Él estuvo enterado, después llamó más tarde para ver cómo estaba. Entonces seguí insistiendo y el compañero, bueno, primero mandaron un taxi, una compañera me mandó un taxi, pero no nos quiso levantar. Salí. Estaba lloviznando. Le dije al taxista "oye, tenemos un herido, se nos está muriendo". Y me contestó el taxista "no, es que no puedo levantarlos, hay indicaciones de que no levantemos a nadie de los heridos". ¡El taxista! El taxista me dijo "hay indicaciones de que no levantemos a nadie de los heridos". En eso se le emparejó otro taxi parado frente a la clínica y le dijo "oye, me están pidiendo que lleve al herido". El otro le dijo "no, no los puedes llevar". Yo, molesto, le dije "ándale, pues, somos seres humanos y algún día vas a necesitar de nosotros". Pero se fue.

Volví a hablarle a mis compañeros "oigan, échennos la mano, se nos está muriendo, se nos está muriendo el muchacho". Le hablé a un compañero que tiene una camionetita. Le hablé y le dije "vengan por nosotros, se nos está muriendo el chavo". Él me dijo "ya vamos para allá, ¿en dónde estás?" Le conté que estábamos en la clínica Cristina, adentro. Cuando ellos se iban acercando me llamó el compañero y me dijo "ya estamos aquí pero no podemos ir por ustedes, ya va el ejército para allá, nos vamos a pasar derecho", y pasaron derecho con la camioneta. Cuando me dijo eso mi compañero, vi las camionetas que se pararon inmediatamente enfrente porque es un cristal ahumado, pero como estaban las luces apagadas del hospital por dentro, bien que podíamos ver hacia la calle nosotros. Se pararon dos camionetas del ejército con entre doce y quince soldados. Les dije a los muchachos de Ayotzinapa "¡corran, corran porque viene el ejército!" Como yo leí el caso de Tlatlaya en *Proceso* precisamente, fue lo primero que pensé, "estos cabrones aquí nos van acribillar" y les dije a los chavos "¡corran, corran!" Todos corrimos por donde pudimos. Los compañeros tomaron al compa herido de bala y lo subieron cargando al segundo piso. Como ya estaban todos en el segundo piso y la clínica tiene un pasillo recto, corrí hasta el fondo, me metí a la mano izquierda a un baño. No tenía absolutamente nada donde protegerme. Me puse en cuclillas y pensé "bueno, aquí voy a esperar los balazos, ni modo". Y después escuché los insultos de los soldados, "¡órale, bájense, hijos que quién sabe qué, órale, órale, todos abajo!" Pensé "nos van a matar aquí, tan siquiera que me maten delante de todos para que me vean, ¿no?, porque si me matan aquí en este baño, en el fondo, nadie me va a encontrar, nadie me va a ver". Salí y me vieron y gritaron "¡a ver, levanta las manos, levanta las manos!" Levanté las manos y caminé con las manos levantadas hacia ellos. Ya tenían a los muchachos ahí reunidos en la salita. Y otros seguían bajando, ya faltábamos poquitos, "¡a ver, levántense la camisa!", nos levantamos la camisa pero no nos dejaban de apuntar. "¡Quiero teléfonos celulares y carteras ahí en la mesa!" Y sacamos los teléfonos y las carteras y lo que llevábamos a la mesa. "¡Quiero sus nombres verdaderos y completos porque si no, no los van a encontrar. ¿Traen IFE?" Algunos dijeron que no, y yo dije "yo sí traigo IFE".

—¡¿Usted qué es?!

—Soy maestro.

—¡¿Y eso les enseña?!

—No, no, no, no. Oiga, oficial, yo vine a ayudarlos porque les dispararon, los agredieron. Estamos aquí pero yo no les enseño nada de eso.

—¡A ver, anota los nombres, nombres!

Y sonaban los teléfonos y decía "¡a ver, contesten, contesten, pongan el altavoz!" Y sí nos permitían contestar pero poniendo el altavoz. Me llamó el compañero de Tixtla al que ya le había dicho que nos estaban rafagueando, pero ya no alcancé a contestar. Y nos dijo el oficial que iba a cargo "allá hay dos muertos tirados y para mí que son de ustedes. Pero lo que hicieron ustedes es meterse en un hospital privado, se llama allanamiento de morada, vamos a mandar a traer a la policía municipal para que se los lleven detenidos". Y ya yo tuve que hablar, porque la verdad todos, todos estábamos espantados, pero todos los muchachos, y yo por la edad, por ser de aquí de Iguala, me sentí así con el compromiso moral de hablar. Le dije "oiga, oficial, pero si le habla a la policía municipal nos van a matar, nos van a entregar, ellos fueron los que nos dispararon".

—¿Cómo que fueron ellos?

—Sí —y ya los chavos se animaron— ¡sí, sí, jefe, fueron ellos!

—Bueno, ahorita vamos a investigar, vamos a preguntar.

Y se salió el oficial que iba a cargo con sus escoltas, pero nos dejaron ahí a soldados apuntándonos. Jamás nos dejaron de apuntar, jamás bajaron las armas y nosotros con la camisa levantada y las manos arriba. Así estuvimos todo el tiempo. Regresaron y le dije "oiga, oficial, necesitamos una ambulancia, el muchacho se nos está muriendo". Contestó "¡ya ahorita, mandé a pedir una, ahorita viene!", pero así, con un tono imperativo, grosero. Dijo "¡a ver, vénganse para acá!", y llamó a los muchachos en el pasillo y ahí los amontonaron y a mí me dejaron solo, a mí no me llamaron con ellos. Ahí en el pasillo los amontonaron pero a una distancia como de a dos metros de mí, o sea, yo escuchaba todo lo que les estaban diciendo. Algunos chavos se ponían en cuclillas, algunos se sentaron y el oficial que iba al mando los comenzó a regañar. Dijo "¿a esto vienen, para eso les dan dinero sus padres?, ¿para eso los educan, para que hagan estas cosas?, ¿eso les enseñan en su escuela? No, no, muchachos, valoren", y ahí les echó una letanía de consejos. El muchacho herido se levantaba pidiendo oxígeno, y los soldados decían "¡siéntenlo, siéntenlo!" Y les decíamos "se nos está muriendo, el muchacho quiere respirar, no lo podemos sentar".

Ya cuando vi que se iban, le volví a decir por segunda vez "oiga, oficial, necesitamos una ambulancia, el muchacho se nos está muriendo". Y me dijo "¡que ya la pedí, ahorita viene!", y continuó "a ver, se van a quedar aquí, la zona está asegurada por el ejército, no van a tener ningún problema". Por tercera vez le volví a decir "oficial, ¿y la ambulancia?" Y él "¡QUÉ NO ENTIENDE QUE YA LA PEDÍ! Aquí se quedan y no les va a pasar nada", y se fueron, ahí nos dejaron.

Les dije a los chavos "jóvenes, no se vayan, tenemos varias casas de la CETEG, yo soy de la CETEG, los vamos a ocultar no tengan miedo", pero uno de ellos dijo "vámonos a la verga porque aquí nos van a matar". Estaban muy espantados los chavos. Me dijo uno de ellos, que al parecer era el que iba al frente de ellos, "profe, ¿se queda con el herido?" Ni modo que le dijera que no, le dije "sí, no te preocupes". y le contestó otro "vámonos pues, pero ya, porque van a regresar, van a regresar, yo propongo que nos escondamos debajo de un puente, vámonos" y salieron todos corriendo. Es cuando se regresó Omar, ya a la mitad de la calle Omar se regresó y me dijo "profe, yo me quedo con usted". Se regresó otro muchacho y dijo "yo también me quedo", pero Omar le dio la orden "no, tú no te quedas, tú te vas, vete con ellos". Y ya nos quedamos Omar y yo con el herido. Ahí fue cuando conocí a Omar.

Yo volví a hacer llamadas por teléfono a mis compañeros. Fue cuando llegó el doctor Herrera. Él se metió porque la puerta no estaba cerrada, se metió y ya me presenté, le dije "doctor, mire soy maestro, nos agredieron, el muchacho está herido".

—Sí, sí, ya sé lo que pasó. Ahí hay dos jóvenes tirados muertos y nadie los recoge.

—No me diga, doctor, ¿en serio?

—Sí, acabo de pasar ahí y nadie los está levantando, ahí están tirados.

—Mire, pues es que ya ve, el muchacho está herido, nadie nos quiere levantar, ¿usted nos ayudaría a que lo llevemos al hospital?

—Híjole, cuate, te dieron duro, vas a necesitar cirugía. Sí, yo les ayudo.

Pero a él, caminar y revisar su clínica, que no le faltara nada, fue lo que le importó. Inclusive el doctor Herrera dijo "oiga, maestro, se fueron a poner de a pechito frente a la delincuencia organizada, ahí viven esos cabrones, son de Teloloapan, yo los conozco", haciendo alusión a los Peques, porque por ahí viven, eso lo recuerdo perfectamente. Y como no nos hizo caso le volví a hablar a los compañeros y fue cuando ya llegó el taxi y se paró enfrente. Le dije al taxista "oye, tenemos un muchacho herido, ¿nos puedes llevar?" Me contestó "sí, sí, súbanlo". Ya cuando el doctor salió nosotros ya estábamos subiéndonos al taxi. Él honestamente no nos ayudó ni tan siquiera a subir al muchacho al taxi. Antes yo se lo pedí de favor "doctor, ¿nos ayuda a subirlo? Porque nadie nos quiere levantar, ningún taxi". Dijo que sí, pero se metió a revisar su clínica.

Le dije a los muchachos "ustedes no digan nada, no digan nada", y le dije a Omar "te subes atrás con él, no digas nada, yo voy a hablar con el taxista". Seguía lloviznando. Le pusimos una camisa a Édgar para que no se…

tratando de que no se desangrara y me dice el chofer "qué pasó, ¿hay muchos pacientes?"

—Sí, está lleno el hospital, creo que tienen hasta cirugías programadas, ¿tú crees? Por favor, no seas malo, llévanos al hospital.

—Sí, sí, cómo no. ¿Qué le pasó a su compañero?

—Ah, es que nos peleamos en un bar y le dieron un botellazo en la boca ¿tú crees?

—Ora, qué malo ¿verdad? Y ¿no supieron de una balacera?

—No, no, pues ya ves que en el bar no se escucha nada, hay mucho ruido, no nos enteramos. ¿A poco hubo una balacera?

—Sí, hubo una balacera por acá, nos dijeron.

—No, ni nos enteramos.

Y ahí fuimos platicando en el camino de la inseguridad y todo ese tema. Cuando nos bajamos yo me quedé parado en el taxi, Omar metió a Édgar y se quedó con él.

Edgar Andrés Vargas, 25, estudiante de tercer año. Empecé, tomé algunas fotografías. Unos chavos estaban colocando piedras en los casquillos de las balas. Había sangre en el autobús, en la entrada, en la puerta había sangre. Tomé fotos de todo eso. Fui a buscar a mi paisano que había ido a la actividad. Lo anduve buscando y no sé qué horas eran cuando lo encontré. Ese chavo es de mi pueblo. Le pregunté cómo estaba. El chavo estaba, la verdad, estaba asustado. Pregunté por los demás, y me dijo "se los llevaron los polis, se los llevaron". Platiqué un rato con él y luego me fui a ver más. Me encontré con otro chavo que es de mi grupo y le pregunté "¿y tu hermano?" Me dijo que no lo encontraba, no estaba ahí. Le dije "a lo mejor se lo llevaron con los otros chavos que se llevaron los policías". Me dijo que a lo mejor. Pero en ese momento nunca pensamos en la desaparición. Yo pensaba que era como siempre: te llevan los policías, te tienen ahí, te cuestionan y todo y ya te sueltan. Pero no. Y ya después me marcó mi novia, me dijo que dónde estaba. Le dije "estoy aquí donde pasó este desmadre, estoy aquí". Me preguntó ella que si era conveniente que todavía fuera a visitarme a la Normal. Como no sabía eso de la desaparición, pensé que esto no iba a durar mucho, que no iba a ser grande ese problema, entonces le dije a ella "no, no hay problema, tú vente", ya me dijo que estaba bien, que iba a llegar como a las cinco, a las cinco de la mañana. Y ya después me fui a platicar con mi paisano, y me estaba diciendo todo lo que había pasado. Éramos tres los que estábamos allí parados. Otros andaban alrededor y por allá. Cuando de la nada, estaba todo tranquilo, cuando de la nada escuchamos disparos.

En ese momento no sé qué hice. Yo era la última persona que estaba de los tres. Mi paisano no sé, yo lo perdí de vista desde ese momento. Perdí de vista a todos y yo me tiré al suelo. La verdad no sé en qué momento fue que me tocó la bala porque yo no lo sentí. Sólo ya estaban los disparos cuando sentí un zumbido en este oído, un zumbido y yo ya estaba en el suelo. Me tiré al suelo y en ese momento que sentí el zumbido empecé a ver caer sangre. Yo pienso que cuando escuché el zumbido fue cuando ya me hirieron. Yo perdí toda esta parte, a lo que dicen el maxilar superior. Yo no supe qué hacer en ese momento y me quedé ahí en plena calle. Me quedé acostado con las manos en frente. Vi que caían balas. Las ráfagas no se detenían. Caían balas al lado de mí. Levanté la cabeza y volteé a ver. No vi a nadie ahí y volteé hacia al lado derecho y lo único que vi fueron como chispas de donde venían los disparos. Y yo seguía ahí, no sé, como que me quedé paralizado un momento. Y ya cuando vi la sangre no lo podía creer. "No", dije yo. No podía creer que me habían herido y en ese momento empecé a gatear. Cuando llegué al primer autobús, el que estaba adelante, ahí es cuando yo me levanté y me quedé ahí como unos cinco minutos.

No veía a nadie en esos cinco minutos.

Cuando se detuvo, porque hubo momentos en que se detuvo la ráfaga, vi cuando unos, no sé de dónde salieron, empezaron a correr. Yo estaba ahí pegado al autobús. Nadie me vio, creo. Yo estaba con la mano así tratando… veía la sangre que me caía en la mano y no podía creer eso, que me habían dado. Pensé "no, no, no". Volteé hacia donde yo estaba antes, donde estaba parado antes, y alcancé a ver a los chavos, los que murieron. Uno creo que ya estaba muerto porque ya estaba un charco de sangre. El otro estaba gritando. Caminé pero los disparos seguían, seguían.

Seguí caminando, fue cuando me encontré más adelante, ya por el segundo autobús, me encontré con, creo que era Omar. No, no fue él. Fue otro compañero. Ese compañero iba con otros chavos, pero él fue el único que me vio y ya les gritó a sus demás compañeros que se aguantaran, porque ya me había visto. Como a mí me dicen el Oaxaco, gritó "¡es que hirieron al Oaxaco, hay que ayudarlo!" Algo así. Y ya llegaron todos y me quisieron cargar, de hecho me cargaron, pero me cargaron un tramito. Ya se habían detenido las balas. Vi que una señora abrió la puerta de su casa y nos gritó "¡tráiganlo acá, escóndanse acá!" Algo así gritó la señora. Pero los chavos gritaron "¡no, es que está herido, lo vamos a llevar a la clínica que está aquí!" Ya habían visto la clínica. Yo en ese momento les dije que me soltaran, que yo iba a caminar y sí, caminé. Llegamos, nos paramos en la puerta de la clínica. Salió creo que era una enfermera, una encargada de ahí. Le preguntaron que si estaba el doctor, la enfermera les dijo que no, que el doctor no estaba, que no había nadie. Le dijimos, bueno ellos le dijeron —y ya llegaron más, unos chavos— que nos dieran chance de escondernos ahí. Y ya nos metimos todos a esa clínica. La enfermera, creo, primero lo negó, no quería que entráramos, pero ya después nos metimos y ya de ahí creo que las enfermeras se fueron. No sé a qué porque ya no las vi. Y ahí estábamos, chavos de primero, de segundo y de tercero los que estábamos. De hecho ahí estaba el secretario, y estaban varios de mi grupo.

Yo me senté en el sillón. No recuerdo si Omar, no recuerdo en qué momento se acercó Omar hacia mí, porque yo primero me senté en una silla, estaban varias sillas así, y estaba con la cabeza agachada. Varios de mis compañeros llegaron, me dijeron que aguantara, y estaba un maestro, un maestro estaba ahí. A ese maestro ya lo había visto. Le reconocí la cara porque ya lo había visto en una marcha en diciembre y sí lo conocí, no sabía quién era ni nada, pero su cara se me hizo conocida. Luego el secretario, creo, nos dijo que nos subiéramos hasta arriba porque era de dos pisos, de tres pisos creo que era la clínica. Nos subimos arriba. Yo ya no podía hablar. Escribí en mi teléfono, le dije a la Parca pues, él era el secretario, era mi compañero, yo le dije que buscara la forma de sacarme de ahí y llevarme a un hospital, porque yo veía que la sangre no cesaba. Luego me senté en un escritorio, en un pasillo, ahí estuve otro buen rato. Yo les decía a los chamacos ahí, bueno, así escribiendo en mi teléfono, que buscaran la forma de sacarme de ahí. No sé qué tiempo estuve, la verdad, como que perdí la noción del tiempo. En mi cabeza llegaron muchas cosas, mi familia principalmente, mi mamá, mi papá, me llegaron a la mente ellos y pensé en cuando mi mamá se iba a enterar de esto, pues, no sé, iba a llorar mi mamá. Yo no le quería avisar.

No sé cómo contactaron al médico de esa clínica para que viniera. Un chavo me dijo que aguantara, que ya venía el doctor me dijo. Pero antes de eso una enfermera ya había dicho que no me podían atender porque no había médico ni nada de eso, que el doctor no estaba. Creo que ella fue la que lo mandó llamar, y llegó el doctor y dijo "esto es algo grave, aquí no lo podemos atender, además no tenemos...", ¿cómo dijo?, "las herramientas" y ya, fue lo único que dijo, ya no vi dónde se fue. Luego me volví a subir creo, el chiste es que cuando llegaron los militares muchos estábamos arriba en otro piso. Estábamos escondidos y cuando llegaron dijeron que nos bajáramos todos. Yo no me bajé, me quedé un ratito ahí. Les dijeron a los militares que había un chavo herido. Dijo "que se baje también". Ya me avisaron que me bajara, me bajé. Es que hay un momento en que yo les avisé a mis papás. No sé si fue antes que llegaran los militares o después. No recuerdo. Creo que fue después porque llegaron, me bajaron, me bajé, ya estaban no sé cuántos militares. Eran como unos seis, siete, ocho, y allá afuera estaban más. Esos güeyes nos dijeron un chingo de cosas como "se creían hombrecitos, ahora aguántense, ustedes se lo buscaron". Nos pidieron nuestros nombres. Un chavo dijo su nombre, y ya cuando dijo un militar dijo "dígannos sus nombres bien, su verdadero nombre completo y su edad", ya todos les empezaron a decir y creo estaban tomando nota.

Ya les dijeron mi nombre. Yo ya estaba sentado en un sillón y estaba Omar a mi lado. Él me estaba diciendo que aguantara y él le dijo que... no sé si fue él quien le dijo a los militares que si me podían llevar al hospital. Me tomaron fotos, tomaron fotos ahí. Dijeron que pusiéramos todos nuestros celulares en una mesa. Creo que a un chavo le sonó el celular y preguntó que sí podía contestar. Le dijo que no, que no contestara y ahí se quedaron los celulares. Empezaron a tomar fotos, y ya dijo que allá afuera estaban dos chavos muertos. Yo casi ni ponía atención en lo que ellos estaban diciendo. Y luego creo que se fueron. Dijeron que habían hablado al hospital, iban a mandar una ambulancia, algo así. Pero estuvimos esperando la ambulancia y no llegaba. Estaba el maestro ahí, de hecho le preguntaron los militares al maestro que qué hacía ahí, qué hacía con ellos, ya le preguntaron que qué era, dijo que es maestro, que cuando pasaron los policías él fue a apoyar, algo así. Ahí no detuvieron a nadie.

Hubo un momento donde yo le dije a Omar que hablara con mis papás, que les marcara, que les avisara. Ya busqué el número, él les marcó, les dijo que hubo un problema y que yo estaba herido. Omar les dijo que me habían herido, que me había tocado una bala. Mi papá le preguntó que en qué parte, y le dijo que en el rostro, por la boca le dijo. Mi papá en ese momento se hizo la idea de que en esta parte, la quijada, ya lo único que mi papá le dijo es que por favor se quedara conmigo, que no me dejara solo. Mi papá dijo que quería hablar conmigo. Omar le dijo que no podía hablar. Ya nomás puso el teléfono en medio y mi papá me dijo, llorando creo, que aguantara, que aguantara un poco, que él ya se iba para allá. Y yo escuché la voz de mi mamá. Cuando mi papá mencionó "mi hijo" en el teléfono, mi mamá rápido se levantó de la cama y gritó que qué me había pasado. Mi papá no le dijo en ese momento pero mi mamá, no sé, creo que es el instinto de madre, mi mamá gritó, casi llorando. Yo lo escuché en el teléfono. Mi papá me estaba diciendo que aguantara, que ya iba a salir para allá, que no me diera por vencido, que confiara en Dios porque nosotros somos, pertenecemos a una religión, y ya mi papá dijo "yo voy a orar por ti ahorita". No, no dijo eso, "ya te va a orar tu mamá por ti", algo así, no recuerdo. Ya terminó de decirme eso y colgó, terminamos la llamada. En ese momento cuando escuché la voz de mi mamá me sentí muy mal, me sentí triste, la verdad. Escribí un mensaje en mi teléfono, ya le dije a mi papá que orara por mí, que no me dejara solo y que cuidara a mi mamá, que le dijera que iba a estar bien. Envié ese mensaje.

Veíamos que no llegaba la ambulancia. El maestro estaba buscando la forma de llevarme al hospital. Había hablado a varios taxistas pero no había ninguno, nadie que me pudiera llevar. Ahí estuvimos pasando la hora. No sé qué horas eran. Dijeron que estuve como dos horas ahí, desangrándome. La verdad yo no vi el tiempo pero sí recuerdo que ya había dejado mucha sangre, y hasta ya creo que estaba sentado y ya sentía el cuerpo débil. Me entró un sueño. Tenía unas ganas de dormirme. No aguantaba ese sueño la verdad. Por ratitos cerraba los ojos. Omar me despertaba, me decía "aguanta, aguanta", me decía él que ya venía el taxi. Yo levanté la cabeza y veía como borroso y ya tenía mucho calor. Me quería quitar la chamarra pero cuando me la quité, de hecho me la quité, pero cuando me la quité empecé a sentir frío y me la volví a poner pero igual sentía el calor. Sentía que me estaba ahogando, que me faltaba el aire. Ya me empezaba a sentir mal ya me empezaba a doler toda la cara. Antes no me había dolido, nomás sentía la cara caliente. Después de que llegaron los militares ya me empezó a doler, ya sentí la cabeza así, pesada, ya me estaba doliendo y cada vez era más fuerte el dolor. No sé qué horas eran. Luego llegó un taxista, se subió el maestro con Omar, creo el taxista preguntó "¿qué le pasó?", algo así, y el maestro dijo que estábamos en una cantina bebiendo y que me habían dado un botellazo.

Agarré una toalla que estaba en el taxi, lo puse debajo de mi boca para no manchar el taxi. La neta yo sentía que mi cuerpo ya no respondía. Me sentía con sueño, mucho sueño, sentía que el cuerpo me temblaba, ya empezaba a ver borroso cuando llegué al hospital. Ya estaba lloviznando. Cuando empezó a caer el agua sentí frío, sentí mucho frío. Llegué a urgencias. Recuerdo que había muchas personas ahí en urgencias pero cuando me vio una enfermera de volada fue a llamar al doctor. Me sentaron en una camilla, fue algo rápido. Me estaban cosiendo la mano porque se me había abierto. Me estaban cosiendo la mano mientras me quitaban la ropa, toda la ropa. Me preguntaron qué me había pasado. No contesté nada. De hecho cuando me estaban cosiendo la mano yo ya tenía los ojos cerrados, ya no escuchaba bien. Se oía todo como distorsionado, todas la voces. Dijeron que me acostara. En el momento en que yo me acosté me dormí, desde ahí ya perdí el conocimiento, me dormí.

Dice mi mamá que desperté a los cuatro días.

Apuntes de mi libreta de una entrevista realizada en conjunto con Marcela Turati al doctor Ricardo Herrera, cirujano y director del Hospital Privado Cristina, Iguala, Guerrero, 10 de octubre del 2014.

Herrera: Tomaron el lugar a la fuerza. Estaba todo lleno de sangre. Yo llamé a la policía y llegó el ejército, yo no los llamé. Y cuando le pregunté al militar porque no vino la policía él me dijo que la policía tenía órdenes de no salir.

Turati: ¿Usted atendió a los heridos?

Herrera: No.

Turati: ¿Por qué?

Herrera: No era mi obligación. Si uno llega bien, se le atiende. Pero si llegan agresivos, golpeando el lugar… Yo llamé a la policía, pero vino el ejército. Los militares llamaron a la ambulancia, pero ellos se lo llevaron en un taxi. El herido no traía impactos de bala, nada más un rozón en los labios. Él andaba caminando y platicando normal.

Turati: Casi se muere.

Herrera: Del susto yo creo. Pues él andaba en cosas de adultos. Y eso es lo que va a pasar a todos los ayotzinapos.

Turati: Ojalá y no.

Herrera: Ojalá y sí. Porque no sirve de nada esa escuela. Toman instalaciones. Eso es delincuencia. Dejan todo sucio, feo, y eso el gobierno lo paga y eso me molesta porque eso solapa el gobierno. Son delincuentes.

Gibler: ¿Eso es delincuencia? ¿Eso le parece mal? Entonces, quitarles el rostro, sacarles los ojos, descuartizarlos, y calcinar los cuerpos: ¿eso le parece bien?

Herrera: Sí. La verdad que sí.

Sergio Ocampo, 58, periodista de Radio UAG y corresponsal de *La Jornada* en Chilpancingo. Convocaron a una conferencia los muchachos del FUNE, del Frente Único de Normalistas Egresados, a las once y media. Llegamos ahí donde tenían su plantón y ellos nos dijeron que había un estudiante muerto. Los hechos apenas habían sucedido y el primer muerto que ellos decían era el muchacho que ahora está en estado de coma. No murió. Entre algunos colegas decidimos ir para Iguala. Íbamos a ir solos. Cuando los maestros oyeron que íbamos dijeron "no, pues vamos". Decidimos con los maestros y los normalistas ahí y otras colegas irnos a Iguala todos en caravana. Nos dimos valor porque íbamos como unos treinta. Salimos en un camión y dos carros. Yo iba manejando uno de los carros y en el camino un compañero de otro periódico me dijo "oye, mi editor me dice que no hay condiciones para ir a Iguala". Y yo le dije "pues, precisamente porque no hay condiciones, ¡hay que ir a ver qué pasa! Y ahí fue cuando nos topamos en Santa Teresa con el camión de los muchachos futbolistas de los Avispones de Chilpancingo. El camión estaba completamente destrozado. Salió un compa árbitro que yo conozco. "Vengo a buscar a mi hijo", dijo, "porque me hablaron de que los habían balaceado".

—¿Viene usted solo?

—Sí, vengo yo solo.

—Qué valiente. Nosotros nos venimos en caravana.

Había nada más una patrulla de la policía federal. El lugar estaba solo.

Ya llegamos a Iguala como a la una y media de la mañana. Entrando luego luego se nos pegaron los halcones. Estaban los policías municipales también. Nos tocó un retén de la policía municipal en la entrada de Iguala. Me preguntó un policía:

—¿A dónde van?

—Oficial, nos dijeron que había problemas en Iguala.

—No, aquí no hay nada.

—¿Cómo? A ver, ¿dónde está la bronca?

—Váyase hacia la boulevard. ¿Y esos quiénes son?

—Son estudiantes.

Ahí nos quedamos como veinte minutos. Un rato, porque estaba medio tenso el ambiente. Con toda la impunidad con que actuaban, seguramente ahí estaban esos tipos. Ellos hacían todas las funciones. Eran policías. Eran agentes de tránsito. Eran sicarios. O son. Cuando llegamos a la calle Álvarez con el Periférico se nos acercó un capitán del ejército:

—Ustedes, ¿a qué vienen?

—Somos reporteros.

—¿Y ellos?

—Son maestros, son estudiantes. Vienen a buscar a sus amigos.

Llegamos y estaban los chavos tirados. Nadie siquiera los había tapado. Ahí, pues, los chavos empezaron a llorar.

Lenin Ocampo, 33, fotógrafo de *El Sur* en Chilpancingo. Los viernes tengo un programa de radio. Empieza a las diez de la noche y termina a una de la mañana. El viernes 26, en ese lapso, empezaron a mandar a las redes sociales que hubo un enfrentamiento de chavos de Ayotzi. Y varios chavos egresados de Ayotzi que escuchan la radio me estaban diciendo "sabes qué, mataron a dos estudiantes" o "mataron a uno". Como a las once marcó un estudiante que estaba ahí en el lugar. Entonces el estudiante, ya al aire, empezó a pedir apoyo, porque estaban solos y que habían sido atacados, dijo. Y hablaba de que hubo un muerto y que se habían llevado a varios compañeros, que tenían miedo, y pedían seguridad del gobierno del estado. Como a los veinte minutos de que habló a la radio los fueron a rafaguear. Y fue cuando mataron a dos estudiantes. Y estando un grupo de reporteros ahí también. Estaban en una conferencia cuando el grupo armado hizo acción sobre ellos, también les tocó a los reporteros de la ciudad de Iguala. A mí me marcaron los editores del periódico y me preguntaron "¿qué posibilidad hay de que vayan?" Les dije "no sé quién va". Pero se armó una caravana de compañeros reporteros, éramos ocho en dos camionetas. Nos quedamos de ver en un punto en las afueras de Chilpancingo para salir como a las 12.30 en la mañana. En ese lapso esperamos también a un camión de la Normal para irnos en caravana.

Cuando íbamos llegando a la ciudad de Zumpango, que es como a diez minutos de Chilpancingo, llegó un mensaje de una compañera que estaba en la entrevista y empezó a decirnos que acababan de balacearlos. Después no supimos nada. Cuando avanzamos un poco más ahí en Zumpango llegó otro mensaje de los reporteros de la nota roja de Iguala diciendo que habían atacado a los Avispones, que es el equipo de futbol de Chilpancingo, y que ahí hablaba de tres muertos. Nosotros íbamos en el camino por la carretera, no había nada de vigilancia. Llegamos hasta ese punto donde estaba el camión de los Avispones, que se llama Santa Teresa. El camión venía de Iguala hacia Chilpancingo y se quedó medio volteado como en un barranco. Tenía un montón de impactos de bala, calculo unos trescientos. Ahí todavía había papás de los jóvenes jugadores, hasta estaba un árbitro todo preocupado porque no sabía nada del paradero de los muchachos. Y en ese mismo punto también atacaron a un taxi donde también murió la señora.

Entonces, ya cuando llegamos a Iguala, el retén de los policías estaba, como te diré, como si estuvieran esperando un enfrentamiento. Los policías municipales estaban atravesados por toda la carretera. Como apostados. Llegamos y el compañero que estaba manejando bajó los vidrios y el policía dijo:

—Bájense.

—No. No nos vamos a bajar. Somos prensa.

—¿No? Nos vale madre, bájense.

—No nos vamos a bajar.

Ya entonces nosotros no nos bajamos pero cuando vieron el camión detrás como que dijeron, no, déjalo.

—¿Esos vienen con ustedes?

—Sí vienen con nosotros.

—¿Qué son?

—Son estudiantes y maestros.

—A esos cabrones sí los vamos a bajar.

Entonces le dije al compañero "hay que bajarnos con las cámaras". Y nos bajamos con las cámaras, y los policías gritaron "¡no, no graben!"

Total que ya no bajaron al camión, pasamos todos y nos fuimos al lugar donde estaban los dos chavos asesinados. Ya cuando llegamos al lugar estaban los militares, como dos camionetas de militares. Era como la una y media de la mañana. Un joven estaba tirado ahí en la carretera y otro más en el fondo cerca de un taller. Una camioneta blanca toda despedazada, de las que traían los estudiantes. Y tres camiones también balaceados. Todavía no llegaba nadie de los peritajes, del Semefo, ni policías, ni nada. Ya en el momento que llegamos, los maestros lo primero que pidieron a los militares… porque ahí llegó un chavo que creo que estaba en el enfrentamiento, y estaba diciendo que había muchos desaparecidos y que a muchos se los llevaron en las camionetas. Así, aventados. Entonces los maestros empezaron a pedir a las autoridades que empezaran a buscar. Principalmente en el lugar que se llama Barandillas, la cárcel municipal donde llegan los borrachitos y todo eso. Porque ahí, según tenían a cuarenta de ellos. Pero esa búsqueda se hizo hasta el otro día, creo que hasta las diez de la mañana. En ese lapso, nosotros estuvimos ahí, fuimos a la fiscalía y empezaron a llegar, yo creo, como unas seis camionetas de la ministerial con un montón de chavos. Y fueron los que iban rescatando de la calle. Hasta las seis que estuvimos creo que todavía llegó una camioneta. Pero en Barandillas nunca fueron a preguntar. Ya en ese lapso íbamos a regresar, pero la policía federal nos dijo que no nos regresáramos porque los sicarios habían atravesado varios automóviles y camiones en Mezcala.

Si tú vas ahorita a Zumpango están los policías municipales ahí poniendo un retén en la entrada y uno en la salida. Iguala estaba igual, o peor. Tiene tres salidas, hacia Teloloapan, Taxco, y a Chilpancingo. Y en la autopista, la vieja, todas las noches, todos los días, las veinticuatro horas los policías siempre estaban ahí.

Santiago Flores, 24, estudiante de primer año. Llegamos al hospital y me metieron en una camilla al quirófano. Cuando me pusieron en la cama les pregunté que dónde estaba mi compañero al que le dispararon en la cabeza. Me dijeron "no te podemos decir". Estaban apurados. Les pregunté varias veces que dónde estaba mi compañero al que le dieron en la cabeza y que me dijeron que hasta ese momento no me sabían decir. Me inyectaron y me dormí un rato. Ya después cuando desperté estaba un señor, era un gordito y una maestra. Era una maestra y un, decían que era un chofer pero no sé de qué chofer, de dónde era. Decían que era un chofer y una maestra. A la maestra le habían disparado acá atrás en la espalda, creo, pero yo cuando vi a la maestra, yo la vi normal, así como si no tuviera nada, platicaba normal. Ya el señor, ése sí estaba más grave. En eso taparon ahí para que no viera nadie y al señor lo empezaron a intervenir. Cuando le volví a preguntar a la enfermera, le dije que dónde estaba, me dijo:

—¿Quién? ¿Tu compañero el pelón, el peloncito ese, el peloncito que vino como tú?

—Sí, ¿dónde está?

—Es que hay varios, hay varios, pero hay uno al que le dieron en la cabeza.

—El de la cabeza. ¿Dónde está?

—Mejor preocúpate por ti, porque así como éstas, tu tumor de respiración te lo puedes dañar otra vez. Preocúpate por ti mejor. Tu compañero está grave, ahorita está en el quirófano. Apenas lo están interviniendo, lo están operando. Está grave, está entre la vida y la muerte. Mejor preocúpate por ti.

Fue ahí cuando empecé a llorar. Le decía a la enfermera que por qué nos habían hecho esto. No me dijo nada. La enfermera se fue.

Ya iban a dar las cinco de la mañana. Llegó un niño. Sabía que era un niño porque estaba escuchando pero no abría los ojos, no quería ver quién era. Una señora estaba llorando, se estaba lamentando, estaba diciendo que por qué él. Decía "mi hijito, por qué tú", decía: "mi hijito, por qué mi Dios, por qué me lo arrancaste de aquí, de aquí conmigo". Estaba platicando con el niño para que abriera sus ojitos, que los abriera. El niño ya había fallecido. Yo estaba nada más escuchando. La señora estaba llorando, lamentándose, que será unos quince, veinte minutos platicando con su hijo, despidiéndose de él ya. Le decía "mi hijito, te dejo ir en paz". Pero nada más una cosa le pedía "te pido una cosa nada más, que cierres tu boquita", decía "cierra tu boquita", porque se murió y la dejó abierta, le decía su mamá "eso te pido, cierra tu boquita". Yo siento que la señora le cerraba la boca y se le volvía a abrir. La señora lloraba, yo también, llorando los dos, y ella le decía "mi hijito, cierra tu boquita nada más". Eso era lo único que le pedía y pues no, de hecho no se la pudo cerrar, así quedó. A la señora ya se la llevaron porque al niño no sé qué le iban a hacer. Después empezaron a llegar más. Escuché a los doctores que decían "es que no nos damos abasto, son como 16 heridos de bala, son como 16 y no nos damos abasto". Dijeron que ya habían fallecido la maestra y el que dicen que era el chofer, que fallecieron los dos.

Erick Santiago López, 22, estudiante de segundo año. Cuando llegué al hospital, el director del hospital de Iguala me preguntó mi nombre. Yo le di mi nombre. Después me preguntó de dónde venía. Le contesté que soy de la Normal de Ayotzinapa. Lo que él me contestó, lo que me dijo fue "te hubieran matado, maldito ayotzinapo". Él no me atendió. Quien me atendió fue una enfermera militar. Una enfermera militar les dijo a los doctores "yo me voy a hacer cargo del chavo". Fue cuando después me quitaron mi ropa, me dejaron en puro bóxer y me pasaron a la sala. Al rato llegaron mi camarada al que le dicen Aldo, otro chavo de primero al que le dieron un balazo en la mano, y el chavo de la boca. Ahí estuve. Habían pasado dos horas, cuando llegaron los policías buscándome a mí. Quizá les dieron la orden de matarme, porque llegaron muy agresivos buscándome. Ahí le agradezco mucho a la enfermera que ella les dijo que yo no me encontraba ahí, que mis compañeros me habían sacado del hospital y me habían llevado a otro lugar. Ellos se retiraron.

Miguel Alcocer, 20, estudiante de primer año. Y nadie habla de un autobús del que nunca supimos. Cuando nosotros íbamos en esa trayectoria de la calle derecha en un autobús Estrella de Oro, dicen que los del otro Estrella de Oro agarraron hacia abajo. Y en ese trayecto se escuchaba que hablaban con nuestros compañeros por teléfono y que decían que ellos ya iban de salida, y preguntaban que por dónde estábamos nosotros. Varios de mis compañeros les decían que ya habían salido, que se iban. De ese otro autobús nunca supimos qué pasó. Pero los compañeros que iban en un Estrella Roja dicen que esos compañeros que iban en el otro autobús… que ellos vieron a los policías que estaban abajo de un puente y que vieron ese autobús. Pero nadie habla de ese autobús. Dicen que ese autobús estaba bien balaceado, abajo del puente, que había hartos policías y lo vieron bien balaceado. Y ese autobús también siento que llevaba chavos de la Normal y yo digo que también son de los desaparecidos.

Jorge, 20, estudiante de primer año. Como a las cinco de la mañana tocaron la puerta. Nosotros pensamos que nos habían encontrado. Luego nos habló la señora y dijo que era un compañero, y sí, reconocimos su voz. Dijo que ya no había peligro y que nos iban a llevar los policías estatales. Salimos todos y nos llevaron los policías. Nos llevaron caminando hasta donde estaban los autobuses otra vez que porque ahí estaban las patrullas, dijeron. Nos fuimos caminando hasta los autobuses cuando vimos los dos cuerpos de los otros dos compañeros, los compañeros que habían matado ahí.

Jorge Hernández Espinosa, 20, estudiante de primer año. A las seis de la mañana yo me fui al sitio de taxis y llegando me subí. Aún no sabía nada de lo que había sucedido, simplemente escuché los disparos. En la mañana yo llegué a mi pueblo. Me llamó un compañero y me dijo "¿cómo éstas?" Le dije "yo estoy bien". Me dijo que mataron al Chino, mataron al Chilango, mataron al Fierro, así les decían a nuestros compañeros. Ya entonces comencé a llorar. Antes en ningún momento me dio a mí por llorar, nada, simplemente sentí miedo, nervios y todo eso. Fue hasta entonces cuando lloré.

Nosotros decíamos okey, con los chavos que se llevaron no hay problema, mañana o pasado mañana vamos y los sacamos de la cárcel, no hay problema. Nunca pensamos nosotros... Porque, bueno, eso pensamos, por lo que mis compañeros me contaban "a ellos, a los demás, los subieron a las patrullas". Entonces nosotros... lo primero que se nos viene a la mente es que se los van a llevar a la cárcel. Ya mañana o pasado mañana vamos y los sacamos de la cárcel. Que si los van a golpear, que si los van a torturar... pero pues sólo eso, nosotros nunca pensamos, nunca nos imaginamos que a ellos los iban a desaparecer. Fue el 28, el domingo, porque el sábado, todo el sábado estuvieron nuestros compañeros allí en Iguala declarando. Se fueron a la Normal en la noche, y ya fue hasta el domingo cuando fueron a buscarlos a la cárcel y ya no los encontramos.

Ernesto Guerrero, 23, estudiante de primer año. Nos avisaron que el secretario general del comité de la Normal se encontraba otra vez en el lugar de los hechos. El maestro dijo "yo voy", y le dije "yo voy con usted". Pero me llevó a la fiscalía del estado en Iguala porque ahí nos estábamos refugiando. El subprocurador de justicia puso a disposición patrullas de la policía estatal con compañeros de nosotros para salir a recorrer las calles e ir juntando a nuestros compañeros que se fueron a esconder. Cada quien se había escondido como pudo, unos al campo, a otros gracias a Dios la gente les abrió casas, les abrió las puertas, otros en terrenos baldíos, cada quien como pudo se escondió. Entonces salieron las patrullas levantando a nuestros compañeros para llevarlos a la fiscalía y que estuviéramos seguros, en una zona segura. Pasamos a declarar. Uno de ahí de la fiscalía que me tomó la declaración me preguntó:

—¿Y ustedes no dispararon?

—¿Con qué? Présteme su M16. Nos armamos, nos topamos a aquellos canijos y si me matan, me van a matar defendiéndome. Pero ya ni piedras tenía. ¿Así cómo?

Ni aunque hubiese tenido piedras, piedras y balas no es equitativo, no es equiparable. O sea, sería un enfrentamiento desigual y no se puede decir enfrentamiento donde no hay equidad en el armamento. Entonces sí me molestó que me preguntaran eso.

A las siete de la mañana nos reunieron a cinco compañeros y nos dijeron "compañeros, queremos que sean fuertes, tenemos una imagen muy fea, muy horrible, queremos que nos den su punto de vista". Muestran la fotografía y vemos al compañero Julio César Mondragón, al que le decíamos el Chilango. Estaba desollado y sin ojos… Cuando lo vi sinceramente no podía creerlo. No creí que él fuera mi compañero, mi amigo. Lo encontraron a las siete de la mañana a unas tres cuadras del lugar de los hechos. Lo que creemos es que mientras huía lo encontraron y lo levantaron porque todavía el peritaje dijo que lo desollaron cuando él estaba con vida. Le quitaron la piel del rostro cuando él estaba con vida y aún se quejaba cuando le quitaron los ojos.

Germán, 19, estudiante de primer año. Nos llegó la noticia de que habían encontrado otro cuerpo, un compa al que le decíamos el Chilango. A él le quitaron el rostro, lo desfiguraron. Nosotros nos quedamos nada más así como en shock, nos traumamos, la verdad.

Alex Rojas, estudiante de primer año. Nosotros salimos como a la cinco de la mañana. Ya dijo el paisa del comité:

—¿Quién era el que dijo anoche que iba a ir a ver a los compañeros?

—Yo.

—Si quieres ve ahorita. Ve a darte una vuelta, pero no te alejes mucho, y con cuidado.

—Sí, no hay problema, yo voy.

Y me salí pues yo solito de la casa, desde las cinco de la mañana. Fui a dar una vuelta hasta donde empezaba la colonia. Allá ya era casi puro cerrito ya hasta salir arriba. Fui a dar una vuelta y les iba gritando, despacio, les iba gritando por los apodos. Salieron unos señores.

—¿Qué, chavo? ¿Qué buscas?

—Ando buscando a unos de mis compañeros, por acá se vinieron.

—Ah, órales. No, por aquí no están.

—Ah, bueno, está bien.

Y así anduve gritándoles. Fueron unos veinte minutos lo que me tardé por ahí dando vueltas buscando a los compañeros. Ya me había alejado un poco y me regresé. Ya les dije a los compañeros "no hay nadie, pues, hay muchas casas pero no hay nadie, no me contestaron, les iba gritando". Ya nosotros nos bajamos de ahí de la colonia. Bajamos igual por donde subimos, por donde nos corretearon. Igual íbamos por el Periférico y entonces nos encontramos otra patrulla, la cual se frenó. Pero como era una patrulla nada más se frenó, nosotros nos paramos también. Y se fue. Nos pasó otra patrulla federal igual, nada más nos veían y se iban, y nosotros con el miedo pues a las patrullas porque sabíamos que ya no podíamos confiar en nadie, ni en la policía porque dispararon contra nosotros directamente. Se comunicó el paisa con otro, otro de los paisas, el cual le comentó que estaban con patrullas ministeriales ellos, y el paisa le dijo

"¿cómo? ¿Qué cosas son ésas? ¿Cómo que estás con las patrullas, no te das cuenta de que nos dispararon?, ¿que ellos fueron los que mataron a nuestros compañeros?" Y él le dijo no, pero es que podían confiar pues, que eran de la procuraduría, y justo ahí por Sam's club fue donde miramos la patrulla. Se detuvo como a los quince metros y nosotros ahí, pues, con el miedo. Íbamos ya sin nada. Fuimos caminando. La patrulla se detuvo, se echó de reversa y nos gritaron los policías, los ministeriales "¡chavos, súbanse, aquí vienen sus compañeros, no desconfíen, súbanse, no tengan miedo!" Y nosotros no queríamos subirnos, cuando miré a un compañero que es de aquí de la Normal que me hizo señas, así de que nos subiéramos, entonces dije "sí, súbanse, aquí viene el Paisa", que era su apodo. Subimos y pues allí íbamos, con el miedo, la preocupación, el hambre, el sueño, el cansancio y con el temor de que nos fueran a llevar por otro lado.

Andrés Hernández, 21, estudiante de primer año. A los dos días, como salió en el periódico, la primera era una lista de 57 desaparecidos, en esa lista yo aparecí. Me daban como desaparecido y pues entonces lo que yo hice fue comunicarme acá con mi hermano para que los informara de que yo estaba bien, que no estaba desaparecido, que estaba con mi otro hermano. Por eso la lista se redujo, unos de mis compañeros también se comunicaron.

Rodrigo Montes, 32, periodista de Iguala. El chavo apareció la mañana del sábado. Ese chavo tenía claras huellas de tortura. Lo estuvieron golpeando por todo lo que es la parte del tronco, las costillas. Tenía moretones, por todo el estómago tenía golpes. Se veía que le estuvieron pegando, no sé, a macanazos, porque se veían los moretones a lo largo, de extremo a extremo de las costillas. Y seguramente viste la imagen de cómo estaba desollado.

Iván Cisneros, 19, estudiante de segundo año. Fue un golpe duro cuando me enseñaron la foto del compa Chilango. Yo fui quien lo reconocí. Dije "este compa es el Chilango". Así les dije cuando me enseñaron la foto. Lo reconocí porque era un camarada. Me había contado su historia. Se rumoraba mucho sobre ese chavo. Algunos compañeros de Tenería decían pues que ese chavo ya había estado ahí y que fue expulsado, por algo, también sabía que ya había estado en Tiripetío. Igual yo le pregunté por qué lo habían expulsado de Tenería. Antes le decíamos el Tenebrio. Pero después yo les dije a los de primero que él ya no era un Tenebrio, ya era un Ayotzinapa. Les decía "él va a ser el Chilango de ahora en adelante. Él va a ser el Chilango, nada de Tenebrio, no quiero escuchar a nadie que le diga Tenebrio a ese chavo, él es el Chilango". Y así se le quedó al compa, el Chilango. Él me había comentado que ya tenía su niña y que tenía que ir a trabajar pues porque necesitaba para sustentar los gastos de su familia. Él, creo, trabajaba, era algo de seguridad, no sé dónde, pero trabajaba de seguridad, me parece. Trabajaba pues y le daba sustento a su familia, lo poco que ganaba se lo daba pues, ya se venía nomás con el puro pasaje. Yo le decía al compa que su pasado no contaba, si quería estar aquí pues como cualquiera de nosotros no le íbamos a negar la oportunidad de estar aquí en esta escuela. Y aguantó la semana de prueba y aguantó todo. Aquí en la Normal ese chavo era muy serio, pero también echaba desmadre cuando se debía.

El chavo pedía permiso porque su esposa estaba recién aliviada y necesitaba trabajar para darle sustento. Ya tener una familia es algo diferente y yo lo apoyé, sí le daba chance al compa. Recuerdo bien que ese fin de semana me había pedido el permiso, me dijo que necesitaba ir a ver a su familia, necesitaba trabajar un par de días. Y ya pues le dije que simón, que no había bronca. Pero él lo quería hacer antes del 2 de octubre. Le dije "mira, hacemos esto, te vas después de la marcha del 2 de octubre, te quedas allá en el Distrito y ya te regresas hasta el domingo". En lo personal sí me siento mal por ese compañero porque la verdad si, cómo decirlo: si se hubiera ido en ese momento…

Coyuco Barrientos, 21, estudiante de primer año. Ya como a las seis, que nos llamó un camarada. Nos preguntaron dónde estábamos, y nos dijeron que ya había pasado todo, que el secretario general estaba con los ministeriales y algunos agentes del ejército, que saliéramos, que ya no había problema. Les hablamos a los dueños de la casa, que si nos podían abrir, y les dimos las gracias por habernos permitido refugiarnos, por darnos alojo en ese momento. Salimos. Se bajaron los compas de la azotea, todos empapados. Otro camarada pues se tuvo que quitar la playera que llevaba porque ya no aguantaba el frío. Nos encontramos con los demás compañeros. Lo primero que hice fue preguntarles quiénes habían sido los caídos. Y ahí me confirmó el secretario. Dijo "fue el Chino". Yo no sabía qué pensar. Quise ir a confirmar por mí mismo, a revisar, pero me dijo que ya lo había levantado el Semefo. Y justamente en ese rato encendí el celular. Y cuando me estaba subiendo a la patrulla entró la llamada de su primo, preguntándome por él. Que si estaba ahí conmigo, que cómo estaba, que qué había pasado. Yo no pude decir nada. No salía nada. No sabía qué decir. Me sentía tan impotente, tan inútil. Su primo seguía preguntándome. Quería saber. Lo único que le dije pues fue que me perdonara, que no pude hacer nada. Me decía, casi llorando "no mames, güey, no digas mamadas". Le dije "no pude hacer nada, güey". Y me preguntaba, y me preguntaba por él. Hasta que le dije que me habían confirmado que se lo habían llevado al Semefo. Después de un silencio colgó. A nosotros nos trasladaron a la fiscalía ahí en Iguala. Cuando llegamos me volvió a hablar otra vez. Todavía no creía, no quería creer, ninguno de los dos queríamos creer que había sido él. Y ahora sí llorando me preguntó que si era cierto, que si yo había visto que sí era él. Le dije que yo no lo vi, que me lo confirmó el secretario. Y pues yo ya en la impotencia de no… no pude hacer nada. Si por mi fuera

me hubiera regresado. Me decía uno de los compañeros
que estaba al lado de él que lo alcanzó a ver donde estaba tirado pidiendo ayuda, y que se quería regresar pero
todavía seguían tirando aquellos güeyes. Que lo había
visto con sangre en el cuello. Y yo le reclamaba a ese
compa "¿por qué no me lo dijiste? De haberlo sabido,
de haberme dado cuenta, a mí me hubiera valido madre
que me chingaran a mí, yo hubiera regresado por él".

Cuando estábamos en la procu, nos juntaron a todos
y empezaron a reunir información de lo sucedido. Que
no dijéramos nada, que no nos podían hacer nada los
policías, que no nos podían detener porque ahora sí nosotros fuimos las víctimas, no fuimos culpables. Tratamos de calmarnos. Que todo iba a pasar. Y pues yo ya
no… mi mente se quedó en blanco. No me percaté de
todo lo demás que estaba pasando. Solo veía a los demás compañeros, los llamaban a declarar. Los metían
en unas oficinas y tardaban en salir. Mientras que otros
compañeros estábamos esperando ahí en la sala. Yo no
quise dar mi declaración. Yo estaba muy aparte de ellos.
Yo no quería saber nada.

Y ya justo cuando estaba un poco más tranquilo, recibí otra llamada y era de su otro primo, uno mayor que
él y que yo todavía, y que es egresado de esta Normal,
preguntando igualmente por él. Y en el mismo caso que
su primo anterior, yo no sabía qué decir. Como les digo
a los compañeros, hay que tener muchos huevos, y bien
agarrados, para dar una noticia de ésas. La verdad no
se lo deseo a nadie. Y pues lo que me dijo su primo fue
que no me agüitara, que no fue culpa mía, si no se pudo

hacer nada, no se pudo, que las cosas pasan por algo y que tenía todo el apoyo de la familia.

Todos estábamos en vela esperando a los compañeros que faltaban. Todo estaba en silencio, sólo se oía a lo lejos unas voces de las secretarias, de los trabajadores de la procuraduría haciendo preguntas. Anotando. Corriendo de aquí para allá. Y le quiero agradecer también a una servidora social, una señora que nos anduvo dando ánimo, que nos estuvo apoyando desde que llegamos a las instalaciones. La verdad, no sé su nombre. Recuerdo que me decía "ánimo, muchacho, no dejes que estos perros te vean llorar, demuéstrales que todavía tienen valor más que ellos, estos perros no merecen verlos llorar".

Amaneció. Todavía no asimilamos lo que estaba pasando. Empezaron a hacer movimientos. Salían unos, entraban otros. Los compañeros encargados andaban para arriba y para abajo preguntando quién faltaba, quiénes estaban heridos, quiénes estábamos presentes, cuántos habíamos ido. Estaban reuniendo toda la información posible. Yo me salí. Había escuchado que iban a ir a identificar los cuerpos. Fui a preguntar al secretario:

—¿Vas a ir al Semefo?

—Sí.

—A mí me vale madre, yo voy contigo.

Se me quedó viendo y me dijo "simón, ahorita te llamo". Estuvimos esperando a los encargados de llevarnos. Pero se tardaron un poco. Unos compañeros compraron algo de desayunar y lo repartieron entre nosotros. Después llegaron otros licenciados, otros agentes pidiendo a unos compañeros que si queríamos ir a identificar a los policías, los actores del ataque, que ya los tenían ubicados por las patrullas. Sólo querían que nosotros fuéramos a ponerles el dedo, que fuera algo legítimo. De todos los compañeros que ya habían pasado a dar su declaración, nadie quiso ir. Así que se nos acercó otro compañero de segundo y nos dijo "tenemos que ir a identificar a esos putos porque eso no se puede quedar así. Si no lo hacemos ahorita se van a salir con la suya. Y de nada va a servir la muerte, la desaparición de los demás compañeros". Así que le dije "pues yo voy". Hablamos con otros compañeros e igual. Nos alistamos y nos llevaron al cuartel de la policía. Nos explicaron que íbamos a pasar a identificarlos. Que de hecho ellos ya los tenían y que ellos nos iban a prestar unas capuchas y unas gorras para que no nos identificaran a nosotros. Estuvimos en espera hasta que reunían a todos los policías. Ya cuando entramos en una patrulla estatal, entramos con los vidrios arriba, encapuchados. Y justo en la entrada estaba una de las patrullas golpeadas, una de las patrullas que nosotros habíamos golpeado para repeler el ataque. Después nos percatamos de que al fondo estaban las demás. Faltaban otras. Los estaban reuniendo. Nos bajaron y todos se nos quedaban viendo, no sabían ni qué pasaba. Nos metieron en una sala y detrás de una ventana con persianas, ahí nos ubicaban a nosotros y pasaban enfrente de nosotros a todos los policías de la base, gritando cada quien su nombre y a qué patrulla pertenecía, y todos los que estaban en guardia esa noche. Desde el primer momento logramos identificar a uno de los policías, fue el primero. Justamente cuando lo identificamos se nos acercó el agente ministerial, que ése era el jefe de sección de la municipal. Que él y el director de la base del cuartel de la policía municipal estaban ligados... eran los que hacían su desmadre ahí en Iguala. Que ya los tenían identificados pero que no les podían hacer nada hasta ese momento en que nosotros los identificamos. Pero nos dijeron muy claro que al único al que le podían hacer algo era a él. Al director no. Y que eran los que estaban ligados, a su vez, con la directora del DIF y con los sicarios. Y seguimos identificando a los demás policías. En total, al principio habíamos hallado a 19 de los que pudimos reconocer. Ya posteriormente agregaron a los demás que estaban en esas mismas patrullas. Después nos retiramos. Regresamos a la procuraduría y ahí estuvimos todo el día.

Juan Pérez, 25, estudiante de primer año. La verdad yo no pude dormir porque vi cómo cayó mi compañero, vi cómo le metieron la bala en su cabeza, vi cómo cayó cerca de mí, aquí estaba el cuerpo, cayó, y cayó, eso se me quedó en mi mente, en toda la noche no me podía dormir, estaba despierto, imaginaba que ahí estaba todavía.

Alex Rojas, estudiante de primer año. Nos dieron un vaso de café y un pan. Fue lo único que habíamos comido desde el día anterior. Todos estuvimos ahí con el sueño y el miedo, se miraba los rostros de tristeza, de preocupación de todos los compañeros. Entró una señora que no sé qué cargo tiene ahí en la procuraduría y nos dijo "nos informaron que hay unos jóvenes por la salida para Tierra Caliente y queremos ir a traerlos pero necesitamos que vayan algunos integrantes de ustedes para que no desconfíen, para que sí quieran subirse a las patrullas y se vengan". Así empezaron a hacer la búsqueda ese día desde temprano, las cuatro de la mañana serían, o cuatro y media. Empezaron a hacer la búsqueda los compañeros por diferentes puntos. Que unos están por el puente, que otros están por tal lado, y así los anduvieron recogiendo en diferentes lados a nuestros compañeros. Después de un rato, serían como las siete u ocho de la mañana, pues ya no se sabía más. Andaban una brigada de policías ministeriales supuestamente buscando a compañeros, pero ya no llegaba nadie, decían que ya no encontraban a nadie. Como posiblemente otros estuvieran escondidos, el secretario general les dijo a los policías ministeriales, a los encargados de ahí, que se informaran que cuántos compañeros estaban detenidos porque pues nosotros vimos claramente cómo detuvieron a nuestros compañeros los municipales. Llamaron a Barandilla, me parece, el reclusorio de Iguala, y les respondieron que ellos no habían reportado a ningún detenido. Ahí fue cuando surgió esa duda, esa preocupación, entonces ¿dónde estaban nuestros compañeros? Si claramente los municipales los subieron a sus patrullas y los detuvieron, ¿dónde estaban? Ya se empezó a pasar lista. Varios compañeros ya estaban declarando, ahí estaban los compañeros heridos de bala, de rozones de bala, pues, uno del pie, otro del pecho y otro del brazo, me parece que tenía un rozón de bala también, y de la rodilla. Entonces surgió esa duda, se pasó lista de los que estábamos y empezaron a contabilizar que faltaban como 57, compañeros, más, 64 me parece que dijeron en ese entonces que faltaban. Pasó tiempo en que estábamos viendo si realmente faltaban. Teníamos conocimiento de nuestros compañeros que habían tenido permiso en la Normal y estaban en sus casas, de otros cuantos compañeros se hablaba de que se habían quedado en la Normal a unas actividades que tuvieron que hacer aquí, y no fueron a Iguala. Ya fue cuando disminuyó el número a 57 compañeros. Ahí estuvimos prácticamente todo el día. Maestros y otras personas fueron a apoyarnos, nos llevaron comida y comimos allá. Teníamos miedo, ya no queríamos estar en Iguala. Por lo sucedido pues no queríamos estar allá, decíamos "no, pues hasta aquí en la procuraduría aunque hay policías es inseguro, pueden llegarte por donde sea y pues aquí pueden rafaguear otra vez".

Entonces los de derechos humanos también llegaron, no recuerdo el nombre del de derechos humanos, pero ahí llegaron y nos dijeron que si podíamos contarles los hechos, cómo habían ocurrido. Fuimos cuatro compañeros que pasamos a una oficina donde empezamos a redactar los hechos sucedidos, cada quien por su lado. Estuvimos ahí redactando todo eso, y me buscaron a mí y a otro compa, que tenían que ir a hacer una inspección al lugar de los hechos, y querían a un compañero que hubiera estado por el puente donde fueron agredidos y otro compañero por el mini Aurrera donde suscitó prácticamente lo peor, la ráfaga directa contra los compañeros. Querían que fuéramos, le dije a un paisa del comité "oiga, ¿puedo ir?" Me dijo "sí, sí puedes, sí van a ir orita, en un momento, coman y van a ir". Fuimos con otro paisa del comité. Y sí fuimos hasta donde bajamos nosotros por la glorieta, fuimos hasta allá, y ya no estaba el autobús. Ya se lo habían llevado. Lo único que encontramos fue muchos vidrios rotos. Y a leguas se veía cómo todo el pasto estaba bien aplastado y muchas ramas de los arbolitos estaban cortadas. Uno de los de derechos humanos dijo "¿por qué los cortaron, será que los torturaron con esto, los golpearon con las varas o qué pasó?" Las primeras ramas estaban cortadas y se veía cómo había palos por ahí.

PVC, 19, estudiante de primer año. Nos fuimos a la procuraduría ahí de Iguala a declarar. Llegamos, nos pasaron, nos dijeron que pasáramos todos a declarar. Después gente de ahí nos apoyó, nos llevó comida. Los demás compañeros seguían llegando, seguían llegando, los que estaban escondidos los seguían recogiendo. Y preguntamos acerca de los compañeros a los que se los habían llevado las patrullas. Que si de veras estaban detenidos o estaban en una delegación. Y nos habían dicho que no, que los compañeros no estaban detenidos, que no estaban en la cárcel, que ellos ya los daban por desaparecidos, que las patrullas que se los llevaron no se reportaron a la procuraduría para entregar a los compañeros. Con los compañeros tratamos de comunicarnos a los celulares de nuestros… pero no, no contestaban, puro buzón, puro buzón, nada, o si no apagado. Poco después el secretario se movió, hizo lo que tenía que hacer, anduvo averiguando qué había pasado con los detenidos pero no había noticias de ellos. Así pasaron las horas, nosotros allá desesperados, queriendo salir de ese lugar porque la verdad fue horroroso lo que vimos allá.

Chaparro, 20, estudiante de primer año. Y alrededor de las doce de la tarde nos llegó una información, nos dijeron que acababan de encontrar a un compañero que fue torturado. Que lo golpearon y le quitaron los ojos y el rostro y las orejas. Y en eso entró el terror en nosotros. Nadie sabía qué hacer. En esos momentos también nos dimos cuenta de que unos padres de familia empezaron a llegar a preguntar por sus hijos. Daba demasiada tristeza decirles que no sabíamos nada de ellos o que habían caído. No podíamos, o no sabíamos, más que nada, cómo decirles. Lo que les decíamos era "discúlpanos, señora, pero no conocemos a su hijo", o "no sé quién es". En realidad sí lo conocíamos, más que nada no queríamos decirle que no aparecía. Porque es una preocupación, o da tristeza decirles que no aparecen sus hijos que son nuestros compañeros. Una señora, pariente mía, de mi comunidad, me preguntó por su hijo. La señora acababa de perder a su esposo. La verdad no le queríamos decir que su hijo no aparecía, que no sabíamos nada de él. La señora, al darse cuenta de que su hijo no venía con nosotros, lo que hizo fue retirarse y no ver a los demás, cómo sí llegaban sus hijos. La señora se fue, se hizo a un lado. Lo que hizo la señora fue cortar un limón, porque la señora es diabética, fue cortar un limón y tomar el jugo.

José Armando, 20, estudiante de primer año. Ya llegamos a la Normal. Muchísimos padres ya estaban aquí de todos, de todos pues, ya estaban aquí en la cancha techada. Muchos recibieron a sus hijos, nos recibieron, y los padres de los que están desaparecidos lloraron ese día porque no llegaron sus hijos. Nos preguntaban "¿y mi hijo?, ¿y mi hijo?" Contestamos "no sabemos, tía, se los llevaron y pues no estaban en ninguna delegación ni nada". Desde entonces empezó la pesadilla de aquí, de los compañeros desaparecidos. Pero le voy a decir algo, que a pesar de eso aquí estamos todos. Muchos compañeros ese mismo día que llegamos se fueron, así agarraron sus cosas y "no, pues yo me voy, qué voy a estar haciendo, ya me salvé de una, qué voy a querer otra, pues no". Se fueron a sus casas y hasta ahora no llegan. A mí también mis papás me dijeron que me fuera pero pues yo les dije una cosa, se los planteé, les dije "¿ustedes qué harían si yo hubiera desaparecido? Porque yo estuve en esos hechos y así como a mis compañeros desaparecidos, así me pudieron haber llevado a mí. ¿Ustedes qué harían? ¿A poco a ustedes les gustaría que mis compañeros, todos, abandonaran así nada más, como si nada?" Porque pues yo siento que nos llevábamos muy bien, éramos como hermanos porque nos compartíamos muchas cosas, trabajábamos, reíamos, echábamos desmadre a veces y a veces hasta salíamos mal, pero pues son nuestros hermanos porque pues así nos enseñan aquí a compartir. Y pues voy a seguir en la lucha. Nunca voy a olvidar a mis compañeros que cayeron y los que están desparecidos porque pues ellos… no se les puede decir muertos, porque todavía no están muertos, porque ellos siempre van a vivir en nuestros corazones. Y si pensaron que nada más con eso iba a acabar la escuela o con eso nos iban a aterrorizar más todavía y que la escuela se perdiera, pues están muy equivocados, el gobierno está muy equivocado.

Coyuco Barrientos, 21, estudiante de primer año. Ya cuando bajamos a la Normal, fui al cuarto de Dani. Vi que estaban su mamá y su papá. Yo no hallaba las palabras para decirles a ellos la noticia. No quería ser yo él que les confirmara. Sus padres al verme… Luego rompió en llanto su mamá. Lo único que pude hacer fue abrazarla y pedirle disculpas por no haberlo cuidado como hubiéramos querido. Ya cuando se calmaron un poco las cosas, me preguntó el papá de él que si iba a seguir o si me iba a salir de la escuela. Pues yo había pensado desde la noche que llegamos que pasara lo que pasara yo iba a seguir. Entonces me dijo él "piénsalo bien, porque no es cualquier cosa lo que va a pasar ahorita". Yo le dije "tal vez no voy a seguir aquí por mí, pero voy a seguir aquí por Dani. Porque no se merece lo que le hicieron. También por mis compañeros que están desaparecidos. Tenemos que encontrarlos".

Emiliano Navarrete, padre de José Ángel Navarrete González, 18, estudiante de primer año. Yo estaba en la casa, descansando, como a las diez y media de la noche. Entonces mi esposa acostumbraba hablarle a mi muchacho en las noches. Fíjate que había ido él un día antes a la casa. Yo recuerdo que platiqué con él, le dije que me gustaba cómo estaba, como teniendo un cambio. Como cualquier jovencito de una edad de 18 años, ya ve que tiene pues a veces un poco de… que le dices "¿sabes qué?, haz esto", y a veces no lo quiere hacer. Es algo natural a los 18 años. Pues vi que me gustaba que como que intentaba llevar un cambio en su vida. Que ya llegaba de la Normal y se ponía a barrer, a limpiar muebles. Entonces yo le dije ese día "¿sabes qué, hijo?", le di un abrazo y le dije "¿sabes qué, hijo?, te voy a buscar, a donde quiera que estés voy a ir por ti". Yo jamás pensé que llegara al siguiente día, que pasara algo, que fueran agredidos en Iguala.

Bueno, pasó el día 26. Como le digo, mi esposa acostumbraba hablarle. Yo estaba en la sala viendo la tele. Y entonces escuché que dijo que estaban siendo agredidos por los policías "estamos siendo agredidos por los policías", dijo y entonces al escuchar yo eso le dije a mi esposa "¿sabes qué? Préstame, pásamelo". Le dije que me pasara el celular. Me pasó el celular ella y le dije, yo le dije Pepe a mi hijo, "¿qué pasa, Pepe?" Me dijo "papá, estamos siendo agredidos por la policía aquí en Iguala". Y entonces escuchaba muchos gritos ahí, por la bocina del celular, escuché que gritaban muchos jóvenes. Y dijo "ya le pegaron a mi amigo en su cabeza y está tirado, y huele bien feo". A qué olía, no sé a qué se refería, si a algún gas lacrimógeno o alguna ponchadura de las llantas del autobús. Entonces le dije "hijo, trata de esconderte, de escaparte". Yo no me imaginé que era ¡a balazos! ¡Yo pensé que estaban siendo agredidos tal vez con los toletes y con gases lacrimógenos, eso pensé!

De ahí se acabó, se cortó la comunicación y ya no supe nada. Pero no me llegó a la mente que estaban siendo agredidos con armas de fuego. Esa noche un carrito salió de aquí de la Normal, salió a bocear por las calles de aquí de Tixtla diciendo que había problemas aquí en la Normal, con los muchachos de primer ingreso, que los chavos habían sido agredidos. Pero no se sabía si a balazos. Yo pensaba que los policías... solamente como queriéndolos detener por haber querido ir a traer unos autobuses, que iban a ocupar para el 2 de octubre.

Entonces que pasan las horas y no se sabía nada. Hasta el siguiente día nosotros como padres decidimos ir a Iguala a ver qué estaba pasando. En la madrugada nos juntamos como unos cinco padres y nos fuimos para Iguala. Yo llegué a Iguala a la procuraduría pensando que estaría ahí mi muchacho. Llegué a la procuraduría y vi un montón de muchachitos porque más o menos iban ya en total como 115 esa noche, como 115 jóvenes más o menos. Entonces llegué a la procuraduría, vi a varios muchachitos ahí pero ¡todavía no me daba cuenta de que habían sido agredidos con armas de fuego! Entonces empecé a preguntar por mi hijo. Vi que unos ya estaban declarando ahí en las oficinas y otros estaban afuera. Entonces, pues como eran de primer ingreso no se conocían muy bien que digamos, apenas dos meses llevaban aquí; y como los dividen por secciones, no es tan fácil que se empiecen a conocer tan rápido. Y le pregunté a un joven que si había visto a mi muchacho, me dijo que cómo se llamaba, "bueno, se llama José Ángel", le dije, "pero le decimos Pepe nosotros". Entonces me dijeron que no, "pero pásele a ver ahí, ahí hay varios muchachos". Anduve recorriendo el lugar. Estaban amontonados los muchachos y no lo encontré, nunca estuvo ahí. Entonces dijeron que a unos se los habían llevado detenidos a los separos que les llaman Barandillas.

Entonces pues me fui, yo me fui para Iguala, para el centro, por la central camionera a andar buscando por las calles, pensando que andarían por ahí perdidos a lo mejor o escondidos en alguna casa. Eso es lo que más o menos me imaginaba, porque no sabía, no me daba yo cuenta de la realidad bien. Entonces lo busqué todo el día. Busqué con otro compañero, buscamos ahí en Iguala por el centro y nada, no encontramos nada, nos regresamos a la procuraduría donde estaban los muchachos. Hubo unas personas que le dijeron al secretario que, si se traían a los muchachos ya de regreso a la Normal, los que habían quedado a salvo, para acá, que les iba a poner autobuses y escolta para que nos llevaran hasta Ayotzinapa. Yo no quería regresarme para acá hasta que nos entregaran a nuestros hijos a nosotros. Pero aquí el secretario éste entonces dijo "no, pues, yo ya me voy", y entonces nos vinimos. Yo pensaba quedarme allá hasta que nos entregaran a nuestros muchachos, y ya nos venimos. Lo más derecho era... yo creo que era quedarnos. Nos hubiéramos quedado allá hasta que nos los hubieran entregado. Esa misma tarde los hubiera buscado el gobierno. Para mí eso es lo que nunca me gustó, te voy a decir, de venirnos luego para acá, para la Normal.

Entonces pues al siguiente día que fue domingo, yo como padre y otros dos o tres padres empezamos a salir a buscar por los cerros, las carreteras. Para allá nos fuimos en una camionetita y anduvimos buscando a nuestros hijos. Como dijeron que unos habían corrido al monte, ya entonces ya nos habíamos dado cuenta de que habían sido agredidos ¡a balazos!, que el gobierno los rafagueó definitivamente, que iba con la intención pues quizás de eliminarlos en ese tanto tirar en ráfagas.

No entendemos ni por qué hicieron eso. Hasta la fecha estamos casi pues con muchas dudas, con muchas dudas. Nosotros hemos buscado a nuestros hijos. Los primeros quince días los buscamos independientemente, puros padres buscándolos sin resultado, solos, por las carreteras, los montes, íbamos a veces donde había cuevas o ex minas abandonadas y todo eso. Después, más o menos como a los quince días, creo, llegó la policía federal y empezamos a hacer búsquedas, bueno, pues primeramente tuvimos reuniones con ellos, con el gobierno federal en Chilpancingo. Se hacían las reuniones y ahí les planteamos que queríamos nosotros como padres de familia participar en las búsquedas, con la información que tuviéramos nosotros, llevarlas con ellos y que ellos nos acompañaran pues igual. Independientemente de las marchas, a mí casi me ha gustado más buscar la información, porque siento, como que me siento mucho mejor al ir a buscar a mi muchacho, a los muchachos, en cualquier lugar donde se dice que están, eso a mí me ha mantenido un poco más fuerte.

Hasta ahorita hemos ido a bastantes lugares, con la policía federal participamos muchas veces, cada vez que teníamos información íbamos con ellos. Íbamos a los lugares donde llevamos la información, desgraciadamente sin resultados positivos, ya que también mucha gente a veces se aprovecha de uno, del dolor de nosotros, dando información falsa. Recuerdo que también mucha gente decía... esos que leen las cartas, una vez me dijo uno de ellos, no sabía que era de ese tipo de personas, pero me di cuenta cuando me pidió dinero para darme una información y créeme que en la necesidad caí. Me dijo que estaban nuestros muchachos allá en Iguala, por el cerro La Parota y recuerdo que fui hasta allá con ayuda del gobierno federal. Me llevó hasta ese lugar, a una casa en la que supuestamente el de las cartas decía que ahí estaban los muchachos, y que ya cuando estuviera cerca de eso él me mandaría un mensaje para darme más como indicaciones. Todo fue falso. Nunca recibí el mensaje de esta persona y solamente lo que supe fue que pues se aprovechó de nuestra situación para quitarnos el poco dinero que ni tenemos.

He hecho bastantes recorridos, marchas, he ido a otros estados a darle información a la gente para que nos siga apoyando con la exigencia de nuestros hijos, porque aquí sabemos perfectamente que el gobierno sabe dónde están, porque ellos fueron los que se los llevaron. Han ofrecido al parecer creo que un millón de pesos para que den información y ¿cómo sería posible que nadie sabe? Te puedo decir que nadie sabe porque el gobierno sabe desde el principio, él sabe a dónde se los llevó, ¡por eso no hay ninguna información! Si los tuviera, como le llaman aquí, gente mala, créeme que ya se hubiera sabido. Ese dinero que está ofreciendo el gobierno ya lo hubieran cobrado o ya hubieran pedido un rescate. El gobierno pone una cierta cantidad fuerte para tener información de dónde están los muchachos porque sabe que nadie la va a cobrar porque ellos saben todo. Ellos saben dónde están. Esa noche que se hizo todo, estuvo totalmente planeado y coordinado, la policía municipal coordinada con federales y militares que acordonaron la ciudad para que nadie escapara.

Solamente ellos estuvieron al mando ahí, nadie más. Entonces yo siempre he llegado a la conclusión de que el gobierno sabe dónde están. Y lo que da coraje, créeme, es que no sabemos ni por qué los tienen, él dice que supuestamente iban los Rojos, un grupo criminal de Rojos. ¡Señores, si en realidad fuera gente mala en el autobús créeme que no irían desarmados! ¡Una persona así siempre va a ir armada, hubieran matado a varios policías! Entonces es totalmente falso que quiera involucrar a nuestros jóvenes con este tipo de gente. No ha sido serio este gobierno con nosotros y no ha investigado desde el principio a nadie. Solamente hasta ahorita han puesto las declaraciones de este maleante Cepillo, que dice que fueron quemados en Cocula, ¿y entonces cómo le podemos creer? Yo no oí su declaración de él. No estuve enfrente escuchando su declaración. Ningún abogado de nosotros estuvo de frente viendo cómo hicieron declarar a esta persona. Solamente ellos saben cómo le hicieron entre ellos. ¿Cómo voy a tener confianza si ellos son… si el gobierno mismo es el que nos está causando este gravísimo daño? Definitivamente pues no creemos en el gobierno. Se quiere lavar las manos utilizando a otras personas, y como estas personas andan fuera de la ley…

Nosotros queremos resultados definitivamente serios. Nuestros hijos sabemos que están vivos. No hubo tal quemazón como dice esta persona. Los jovencitos cuentan que como a las tres de la mañana todavía andaban siendo perseguidos. Apenas se andaban pues como reuniendo, ¿a qué hora supuestamente empezó la quemazón? Esa noche era lluviosa ¿a dónde fueron a traer tanta leña a esas horas de la noche? Los vecinos de Cocula dicen que no hay ni leña por ese lugar. ¿Cómo será posible? Es algo no creíble. Los vecinos de ahí de Cocula dicen exactamente que ¡no hubo gran quemazón! Habían quemado gente años atrás pero esa noche no hubo nada. El gobierno está mintiendo, así de fácil. ¿Cómo será posible que haya una gran quemazón y que se encontraron huesitos de pollo? ¿Cómo va a sobrevivir un huesito de pollo, cómo va a aguantar una temperatura que supuestamente derritió totalmente los huesos de los muchachos? Para nosotros es totalmente falso lo que dicen.

Hay muchas cosas que no encajan. Supuestamente encontraron 42 casquillos de calibre veintidós y uno de nueve milímetros, cuando supuestamente en las declaraciones de este señor Cepillo dice que 15 ya iban muertos de asfixia. ¿Acaso los volvieron a matar? ¿Por qué exactamente 43 casquillos encontraron? El gobierno se quiere lavar las manos culpando a otras personas. Definitivamente nosotros creemos que fueron ellos mismos ya sin uniforme cuando después regresaron esos encapuchados sin uniforme a dispararles. Es una gran mentira para nosotros. Y créame que da coraje como padre, somos gente humilde, ¡tenemos la verdad con nosotros!, la verdad está con nosotros pero quién nos va ayudar para ponérsela de frente a este pinche gobierno. Nosotros pensamos que llegando el gobierno federal tendríamos cosas positivas, o sea que encontraríamos como el respaldo que necesitábamos. Pero ahora me doy cuenta que nos topamos con el enemigo de frente. ¿Por qué? Porque él se ha ensañado con nosotros, con los padres, declarando puras tonterías como lo que hizo el procurador, el tal viejo pelón Murillo Karam.

Nosotros seguiremos exigiendo a nuestros muchachos, queremos que nos los entreguen vivos porque ellos están vivos, están vivos, y caray, yo digo que dialogando se entiende uno como ser humano, pero al parecer este gobierno no tiene sentimientos. No tiene sentimientos. Se ve claramente cómo este gobierno nos ha pisoteado. ¡Jamás pensé que fuera tan mentiroso este gobierno! Yo en mi vida había visto gente así con esa saña de mentir y todavía andar por el mundo con la cara enfrente, visitando otros países como lo hace este presidente, como si nada pasara en su país. Creo que vergüenza no tiene. Y pues, ¿qué podemos hacer nosotros como padres? Desgraciadamente ellos tienen a nuestros hijos en sus manos y no sabemos cómo los estén tratando, porque créeme que eso es doloroso, llegar a pensar cómo los estén tratando. Yo estoy aquí afuera, puedo tomar agua, puedo comer, puedo hacer lo que quiera yo. ¿Pero mi muchacho? Y eso me tumba, pensar esas cosas me manda al piso, porque digo, Dios mío, ¿por qué existe tanta maldad en el ser humano adulto? ¡Y más de tu propio gobierno, de tu país!

Seguiremos luchando, exigiendo a nuestros muchachos con vida. Yo siempre exigiré al gobierno a mi hijo. Que nos los entreguen. Yo lo quiero de vuelta a casa porque me duele ver a mis otros dos hijos esperándolo. Durante este tiempo yo llegaba en las noches y no quería ni llegar a mi casa, trataba yo de llegar hasta las dos de la mañana ya que mis hijos estuvieran durmiendo para que no me vieran. Pero créeme que mis pobres hijos a las dos de la mañana estaban despiertos esperándome, ¡y me dolía verlos! Me dolía verlos, y que pasaba otro día, y ellos esperándome para que yo les llevara noticias buenas de su hermano, que ya lo había encontrado. Créeme que es un dolor fuerte que te aprieta el corazón, te sientes impotente, sientes que estás solo, quieres a veces caer, porque no solamente te daña a ti como padre o madre este gobierno, sino que daña a toda tu familia, a todos tus hijos, te descontrola tu vida. Todo se abandona por estar con una esperancita de que encontremos a nuestros muchachos, pero el pinche gobierno nunca ha querido darnos respuestas serias, al contrario, se ha portado muy mal con nosotros, cómo te digo, como si estuviéramos con un enemigo.

Seguiremos luchando, exigiendo a nuestros hijos, con la ayuda ahorita de los expertos que vinieron, creo que ésa es una carta, para mí es la última carta legalmente que nos vamos a jugar, porque ya de ésa ya no va a haber otra y créeme que yo no quedaré conforme si no me entregan a mi hijo.

Este gobierno tiene que pagar lo que hizo.

Luz María Telumbre Casarrubias, madre de Christian Alfonso Rodríguez Telumbre, 19 años, estudiante de primer año. Más que nada que sepan que este niño no tiene maldad alguna y que su deseo de él es seguir adelante con su estudio y poder ayudar a los otros. Porque venimos de una familia muy humilde, que vamos al día. Y él quiere mucho a sus hermanas, a sus tres hermanas. Y pues hasta ahorita le han echado ganas los cuatro hijos que tengo. Siguen estudiando, y pues creo que eso a él lo ha impulsado a estar hasta acá, aunque perdido, pero yo sé que él está bien, y que va a llegar y seguirá luchando por su sueño que él ha querido ser.

Él es un niño muy tranquilo, que siempre se ha dedicado a hacer el bien, hasta ahorita él ha sido muy así. Le gusta mucho la danza. Él, en sí, no quería ser maestro. Pero viendo la situación en la que nos encontramos, pues decidió venirse para aquí para podernos ayudar. Pero él quería ser ingeniero agrónomo. Pero por falta de recursos y de dinero no pudo ser lo que hubiera querido.

A él mucho le gustó la danza. Él decía que no pudiera haber una manera… o decía él "yo me voy directito a Bellas Artes, mamá. Porque yo siento que sí la hago. A mí me gustan los aplausos de la gente. Me gusta que me admiren cuando subo a un escenario". Porque él es así. Le gustaba todo eso, compartir con la gente la alegría. Siempre era así.

Cuando empezó a ir a la secundaria, empezó con el gusto por la danza. Su grupo de danza se llama Xóchitl. Y él ha estado participando en muchas partes. Hasta en México fue a participar. Y aquí a donde sea se los han llevado. Cuando hay algún evento también lo hace. En los encuentros que siempre hay aquí en Tixtla, de cada santo. Se va a los encuentros. Le gusta mucho eso del baile. No le gusta otra cosa. Luego le decía su papá "hijito, ¿por qué no practicas algún deporte? Basquet, fútbol". Él contestaba "no, papá, eso no me gusta. A mí me gusta la danza. Yo siento que mis pies para eso están aquí, para bailar".

Y aunque esté en la casa lo practica con sus hermanas, que ellas saben bailar también. Pues hasta niños chiquitos llegaban y decían "vengan, niños, está bailando Christian". Y se ponía sus botines y sacaba a bailar a sus hermanas y se ponían a hacer ahí un fandango con todas sus tres hermanas. Inclusive a veces hasta señoras, vecinas de por ahí, llegaban y le seguían pues al baile que él bailaba. Y que seguirá bailando, porque él va a llegar algún día a cumplir su sueño.

Él tiene mucha agilidad en sus pies. No escucha otra música más que zapateado. Son bailes zapateados con los pies. Sus hermanas también saben bailar porque lo han practicado. Y la chiquita más que nada, la que va ahorita a la secundaria, ella lo practica más hasta ahorita. Y decía él que se sentía contento porque pues a veces no teníamos dinero suficiente y en una ocasión mi niña, la chiquita, decía "mamá, me van a cobrar por el traje tanto". Pagué en esa ocasión 300 pesos para que yo le rentara dos trajes que tenía que ocupar para un aniversario de la escuela. Y me dijo, después de que fue a verla bailar mi niño, me dijo "mamá, valió la pena tu esfuerzo porque mi hermanita baila con una elegancia que en verdad se la admiro mucho. Le gusta. Su soltura es…. Creo que fue la mejor de todos, porque mi hermanita sabe bailar esa música, mamá".

A veces hacían sus fandangos en la casa con un aparatito de música. Me decía "¿mamá, me das permiso de prender el aparato?" Le decía "sí, pero, despacio". Porque a él le gusta con mucho ruido, que se oiga. Y con sus gritos que se oían de aquí a la esquina. Porque a él le gustaba gritar, o sea, por eso mucha gente se daba cuenta de que empezaba a bailar, y aunque sea parados en la puerta… o a veces "¡pásenle! Si gustan, acompáñenme". Pues siempre se oía el ruido porque estaba a todo lo que daba el pequeño aparato que tenemos.

Es un niño muy tranquilo. Con nadie se mete. Todos lo quieren, y lo queremos en la calle de donde nosotros somos. A él mucho le gustaba irse al río, a las pozas. Le gustaba jugar mucho en el lodo. A él le gustaba más el campo. Él llegó a tener puercos, conejos, gallinas, eso sí le gustaba mucho. Tiene un cuyo como ratón, yo le digo rata. Hasta ahora allí está, bien gorda. Es hembra. Después de que entró aquí, a sus animales ya no podía ir a darles de comer, y ya no están. Pero a él le ha gustado mucho eso, los animales.

Tenemos un terreno, pero nada más lo ocupamos para algunas plantas. Tenemos limones, tenemos guayabos, tenemos ciruelos. Y tenemos ahí unos puercos que de por sí los hemos tenido desde hace mucho. Nada más para el consumo, porque son muy pocos los árboles que tenemos. Los puercos los tenemos porque yo hago tortillas para vender de mano. Y a veces nos llegan a sobrar, pues por lo menos que ahí se vaya la inversión de la tortilla, o de lo que va saliendo que a veces nos sobra.

Antes de que eso pasara, lo del 26, todos los días trabajamos, hasta los domingos. Pues porque el sustento de mis cuatro hijos es mucho. Y teníamos, o tenía, que trabajar todos los días de la semana hasta los domingos, y yo hasta ahorita, pues, desde que pasó esto del 26 de septiembre hasta la fecha, yo ahorita no he trabajado. He estado aquí, en las marchas, a donde quiera que me han mandado traer he ido.

Me acompañan mi esposo, mi hija y mi hermana. Sólo las dos pequeñas no. Ahora sí no las quiero arriesgar porque pues salimos a veces fuera, o de noche, lo que menos quiero es que les llegue a pasar algo, pues porque llegamos noche. Y como a veces nada más no nos dicen a dónde vamos y no más de improvisto llegamos a alguna parte donde nos encontramos con muchas cosas feas. Y es lo que menos quiero, que a mis hijas les vaya a pasar otra cosa.

Mi esposo vende agua de garrafón. Que es muy poquito, pues. Es lo mínimo. Va a la purificadora, saca el agua, ahí se la dan a cinco pesos. Pero él la da a veces a diez, a doce, conforme vaya pudiendo. Cuando tiene depósitos, la da más barata, porque tienen que por lo menos ellos ganar aunque sea un poquito. A veces le va bien, a veces cuesta y le va mal.

Mi hijo fue el día 25 a estar un rato con nosotros en la casa. Porque ya por último ya les daban permiso de salir. Fue a la casa y nos dijo "mamá, fíjate, a lo mejor nos dan chance de salir el día viernes", o sea el día 26. Le dije "ah, sí, mi hijito". Entonces a ellos los iban a dejar salir el día viernes. Y para eso el día 25 nosotros lo venimos a dejar a eso de las 6.30 de la tarde. El día 26 nos avisaron como a las diez de la noche que había problemas aquí en la escuela y que teníamos que presentarnos los papás. Era urgente. Así que nos tuvimos que venir. Pues nosotros con la esperanza de que pudieran haber estado en los cerros, o en una casa que les diera ayuda. Esperándolos el día sábado, domingo. El lunes nosotros todavía, al menos yo, estaba yo con una tristeza grande porque no habían reconocido al joven que estaba en el Semefo todavía para el día lunes. Le hablaron a la mamá del muchacho, que lo fuera a reconocer. Hasta el día lunes se descartó que pudiera ser el hijo de las otras mamás.

Pues mi experiencia con las autoridades ha sido mala. Porque hasta ahorita no han atendido a nuestras peticiones. Pues no sé si por ser pobres, o porque en verdad ellos no han hecho hasta ahorita nada. Porque yo siento que si fueran sus hijos de ellos, ya estarían con ellos. En menos de un día ya estarían. Y nosotros ya llevamos… y no hay respuestas de las autoridades. Aparte de todo, no se ha investigado a Aguirre. Por ejemplo, fuimos a México a hablar con Peña Nieto e igual, él no nos ha dado respuesta a lo que le pedimos. Supuestamente firmamos un acuerdo que para nosotros nunca valió, pues. Para nosotros nunca valió ese acuerdo que él firmó. Porque si hubiera valido, él ya hubiera actuado y hubiera dado respuesta a lo que le pedimos.

Por ejemplo, también supuestamente ellos agarraron a veintitantos policías. Todos se los llevaron fuera de aquí. A Nayarit, no sé a dónde, a otro lado, a otra cárcel, para hacer sus averiguaciones. Pero se supone que si cometieron aquí el error, aquí deben de ser juzgados. No tiene por qué sacárselos de aquí. Y más que nada aquí de Guerrero, aquí deben de ser juzgados. Como le dijimos un día a Murillo Karam, que nos prestara si quiera una hora para que nosotros pudiéramos averiguar, sacarle la verdad, pues porque no era justo que nosotros puros papás sufriéramos tanto, con la incertidumbre de no saber dónde están nuestros hijos, si ya comieron, si duermen, si ya se bañaron. Todo eso, pues como papás nos acaba. Nos acaba, porque no sabemos de ellos. Y más que nada, por mi parte, pues la familia, aunque sea humilde… es un niño de familia, de bien. Pues no tiene maldad. Pues ahora sí, yo como mamá conozco a mi hijo, y pues no se vale que esto esté pasando aquí en el país. No se me hace justo. Quitarle un pedazo de camino a mi hijo que tiene por recorrer. Y yo siento que hasta ahorita ha estado incompleto su, sus pasos y... No hallo cómo explicar mi sentir como mamá.

Sí. Lo he soñado. Al principio soñaba que llegaba. Que estaba en casa de su tía y que yo pasaba a decir a su oído que rezara mucho, que eso le ayudaba. Que yo luego regresaba, que iba al mercado. Y a cada rato le decía "reza mucho, eso te ayuda, tú sabes rezar". Después lo soñé, pero que ya estaba muerto. Que no lo veía, pero me daban la noticia de que yo tenía que irlo a recoger al Semefo. Y yo entraba en una puerta y salía yo como en un tráiler grande y salía yo por la puerta del tráiler. Pero yo gritaba con una desesperación, pidiendo ayuda, que él no era, y que no era posible pues que él estuviera muerto. Que no era cierto, que me estaban engañando con que él estaba en el Semefo. Así lo soñé.

Yo siento que él va a llegar y aquí lo estamos esperando. Yo no siento que él ya no viva. Yo siento que él está vivo y va a llegar en cualquier ratito.

Mario César González Contreras, padre de César Manuel González Hernández, 19, estudiante de primer año, afuera del Palacio de Gobierno, Chilpancingo, 4 de octubre de 2014. ¿Vale un millón de pesos la vida de los alumnos? Eso lo gasta en una embriagada, pinche puerco ése. Desgraciado. Tenemos un inepto como gobernador. "No puedo contestar", y se levantó. Le digo "¿no tiene usted palabras para responderme?" Ya estamos agotados. Somos padres de familia.

Ya estamos agotados. Ya no sabemos qué hacer, ni a quién dirigirnos. Nos mandan con éste… Bueno, no sé cómo es posible que nos mandan a traer y todavía tenemos nosotros la idiotez de venir a pedir una audiencia con el gobernador. Y no sé, supuestamente Peña Nieto quería cambiar el país y no sé qué tanto… ¿Por qué no está presente ahorita? ¿Por qué no está presente? Son 43. Son estudiantes, y desgraciadamente, como le dije al gobernador, no fuera su hijo porque en media hora está, ya lo encontraron. Y sin ningún rasguño. Nuestro único delito es ser pobres y buscar escuelas donde nosotros podamos mantener a nuestros hijos. Pero desgraciadamente así es esto. Mi hijo es César Manuel González Contreras. Pero no nada más estoy por él. Estoy por todos, porque fueron sus compañeros. Y no sé porque hablan tan mal de Ayotzinapa. Tengo ocho días viviendo en Ayotzinapa, en la Normal, y son unos niños hermosos. Gentes que se quitan el pan de su boca para dárselo a los padres. Gente que… chamacos que no comen con tal de que los padres comamos. Soy de Tlaxcala. Soy de Tlaxcala, señores. Me vengo a dar cuenta de tanta porquería que hay aquí.

Nos dejan entrar, señores, y nos ponen detectores de metales a nosotros los padres de familia. ¿Cómo es posible que a nosotros nos ponen detectores de metales? Pónganselos a su sistema, pónganselos a sus policías, sus asesinos. ¿Nosotros qué podemos hacerle? No, yo no me dejé, señores, ahora sí, no me dejé. No sé si me vaya a mandar a matar el perro. No sé si me vaya a mandar a matar. Que lo haga. Estoy a sus disposición. Pero que me entregue mi hijo. Nada más. Y a los otros 42 alumnos. Es lo único que pido. No sé por qué me sacaron. Yo soy de Huamantla, Tlaxcala. Y somos gente buena. Gente que no nos vamos a dejar, gente que tenemos los suficientes huevos, hijos de su puta madre. Yo lo dije en su jeta, el hijo de su puta madre, y lo callé. No tuvo palabras para responderme, el pendejo. Qué gente tan desgraciada, la verdad. Qué gente tan hija de su pinche madre, cobarde, que usa armas. Quisiera que un hijo de su puta madre, un alcahuete de ésos, me dijera "sabes qué, vamos tú y yo, hijo de tu puta madre, a mano limpia". Me vale madre. Y todavía con su sonrisita de "buenas noches". Y me lo quedo viendo. Y se me queda viendo.

—Sí, dígame.

—¿Qué le digo? ¿Buenas noches? Para usted. Para nosotros que tenemos las tripas atravesadas, que tenemos las piches tripas acabadas. Nuestro único puto delito es no tener dinero para mandar a nuestros hijos a una universidad de paga. No fuera su hijo. Porque a su hijo lo encuentran en menos de media hora, hijo de la chingada, y sin un puto rasguño. O su puta camioneta, no hablemos de su hijo, hablemos de su puta camioneta. Si se la robaran, en menos de media hora la vienen a entregar aquí. Y los otros hijos de la chingada, lambiscones hijos de perra, ahí, protegiéndolo y con audífonos, hijos de su puta madre, lamehuevos, hijos de la chingada. Y eso lo hacen porque no saben trabajar los hijos de la chingada.

¿Me quiere matar? Que lo haga. ¿Me quiere matar? Que lo haga. A mí no me importa. A mí me importa más la vida de mi hijo.

Mario César González Contreras, padre de César Manuel González Hernández, 19, estudiante de primer año, bloqueo carretero, Chilpancingo, 5 de octubre de 2014. Es una persona cínica. Yo le hice muchas preguntas a las cuales, ¿sabes qué me respondió?:

—Entonces me paro, me voy.

—Entonces se está usted parando porque no tiene usted respuesta, no tiene usted la capacidad de respuesta para informarnos a nosotros. ¿Por qué no hizo la búsqueda desde el domingo o el lunes? ¿Por qué?

—¿Sí o no estábamos buscando?

—Mentira. Yo me fui desde Tlaxcala a la una y media de la mañana. Solito. Y no me importa que me hubieran matado a mí. Si es que me quieren matar, que me maten a mí y que me entreguen a mi hijo, y no hay problema. No es justo que 42 de sus compañeros siguen desaparecidos. No sabe el dolor que sentimos. No sabe que estamos destrozados física, moral y económicamente. Porque desgraciadamente no tenemos dinero.

Lo que queremos es tener una certeza. Porque nos traen con que hay diez muertos allá en Taxco. Que hay doce muertos en tal parte. Que encontraron fosas comunes. Entonces, ¿ahorita nos van a entregar esos cuerpos? Todos calcinados, todos feos. Le digo, no señor, ustedes se los llevaron vivos, y vivos tienen que entregarlos. No se los llevó otra organización criminal, y que estemos pensando que sí ya los mataron. Se los llevaron los mismos policías. O sea, ¿qué clase de seguridad tienen entonces aquí en Guerrero? Se supone que los policías actúan por órdenes de sus mayores. O sea, no actúan solos. Yo tengo ocho días viviendo acá, en los cuales me vengo enterando de toda la corrupción que hay aquí. Y digo, ¿cómo es posible que la ciudadanía, como ciudadanos, ya no como representantes de la ley, como ciudadanos, permitan toda esta situación? O sea, si saben perfectamente bien qué pasa, ¡carajo! ¡Que actúen!

Ya nada más nos están engañando. Nos están volviendo locos como padres de familia. Ya no sabemos ni qué hacer, ya no tenemos ni por dónde jalar. Pregúntame si alguna autoridad se nos ha presentado ante nosotros, que se presente y me diga, sabes qué, soy fulano de tal y vengo a ayudarlos en lo que necesiten. Nadie se ha presentado. Nosotros, desgraciadamente, no somos de acá y no conocemos a nadie. No sabemos a quién acudir, no sabemos, o sea, estamos cerrados de los ojos. Como le dije anoche "señor gobernador, yo no vengo a hacer política, yo no más quiero a mi hijo". Porque yo no lo mandé a robar, yo no lo mandé a ser malandrín. Yo lo mandé a estudiar. Y por si mandarlos a estudiar me lo van a entregar muerto, ¿cómo se vale? No se vale. No creo que sea justo que como padre de familia quiera que el hijo no sufra las carencias del padre y me lo entreguen muerto. No se vale. Hasta las últimas consecuencias, así me lleve la vida, yo tengo que encontrar a mi hijo. Y me lo tengo que llevar para mi estado. Porque no se vale. No es justo. Desgraciadamente nosotros ya llevamos ocho días acá y gracias a los alumnos que nos regalan un poco de ropa, nos dan jabón, nos dan comida. Y se los quitan ellos, porque ellos los necesitan. O sea, ellos

los están necesitando y nosotros se los estamos quitando de la boca.

El viernes mi hijo me llamó a las tres de la tarde. Me habló. Yo estaba enfermo con tifoidea. Me dijo: "papá, ¿cómo estás?"

—Bien, bien, mi hijo.

—No, yo lo oigo a usted mal. Voy a pedir permiso y me voy a ir para allá. Lo quiero ver.

—No, mi hijo. Usted se me fue a estudiar. Y échele ganas al pinche estudio.

Y me dijo que a lo mejor me iba a ver y yo le dije que no, desgraciadamente, yo le dije que no. Eso fue el gran error de toda mi vida y eso es lo que no me puedo perdonar. Pero yo le dije "sabes qué, yo te mandé a estudiar, viejo, y quiero que seas alguien en la vida". Sí, es muy fuerte. Muy, muy fuerte. No sabemos si ya sembraron cuerpos ahí. Se lo juro, por las cosas que me voy enterando ya es muy probable. Ya es de esperarse de las autoridades. Y eso es lo que yo no entiendo del señor Peña Nieto, dijo que iba a cambiar el país. Y desgraciadamente yo creo que es lo mismo, y lo mismo, y está en la misma situación. El gobierno dice "ya encontramos a trece". Es mentira. Los 43 alumnos desaparecidos siguen desaparecidos, no ha llegado ninguno. Entonces, ¿de qué se trata? ¿De que siempre vamos a estar aquí, pensando que ya los mataron? Ahora son tan cobardes. ¿Por qué los queman? ¿Por qué los destazan? Un millón de pesos que ofreció. Es una burla. Un millón de pesos lo embriaga. Es lo que le cuesta una embriagada.

Volteas para acá y hay muertos. Volteas para allá y hay muertos. Y psicológicamente nos están acabando. No sé si eso es lo que quieren. Que nos desesperemos y nos vayamos para nuestras casas. Pero están equivocados. Aunque no se duerma y no se coma, vamos a estar acá. En lo particular no voy a bajar las manos hasta encontrar a mi hijo y llevármelo. Y tiene que ser caminando.

Madre de uno de los 43 estudiantes desaparecidos durante una manifestación frente al Batallón 27 en Iguala, 18 de diciembre del 2014. ¡Entréguenos a nuestros hijos! Es lo único que exigimos. Queremos a nuestros hijos con vida. Así como se los llevaron, así los queremos. Recuerden que tienen hijos. Si su hijo estuviera desaparecido, ¿qué haría? ¿Estarían tranquilos? ¿Tendrían paz en su casa? ¿Quieren que superemos el dolor? ¿Cómo quieren que estemos en nuestras casas si no tenemos tranquilidad, si no tenemos paz? Tenemos mucho coraje porque no sabemos dónde están nuestros hijos. ¡Entréguenos a nuestros hijos! Porque los tienen ellos. El gobierno los tiene. Ellos se los llevaron, ellos los desaparecieron, ellos los tienen detenidos. ¡Queremos a nuestros hijos!

De un comunicado de prensa del Equipo Argentino de Antropología Forense (EAAF) con fecha de 7 de diciembre, 2014, Ciudad de México. En conferencia de prensa el 31 de octubre del 2014, la PGR mostró declaraciones de los detenidos inculpados en las cuales indicaban que habían quemado los restos de los normalistas en el basurero de Cocula, colocando en bolsas de plástico fragmentos de huesos quemados y cenizas recogidas de dichos restos.

Según estas mismas declaraciones, los inculpados las habrían arrojado al río San Juan en Cocula. Según indicó la PGR al EAAF, el fragmento en cuestión fue encontrado en una bolsa de plástico recuperada por buzos de la policía federal del río San Juan, que fue entregada posteriormente a peritos de la PGR. El EAAF no estuvo presente en el momento en que buzos y peritos de PGR recuperaron dicha bolsa ni participó en el hallazgo de dicho fragmento. El EAAF fue convocado por la PGR al lugar cuando ya se encontraba la bolsa de restos abierta y la muestra en cuestión ya se encontraba junto con otras sobre un área de limpieza. El EAAF participó en otros hallazgos de restos a la vera de dicho río junto a peritos de PGR.

El EAAF desea señalar que esto no afecta la identificación [de una muestra] pero considera que es importante aclarar que no fue testigo del hallazgo del fragmento que culminó en esta identificación.

Por último, en opinión del EAAF por el momento no hay suficiente certidumbre científica o evidencia física de que los restos recuperados en el río San Juan por peritos de la PGR y en parte por el EAAF, correspondan a aquellos retirados del basurero de Cocula, como indicaron los inculpados por la PGR. Se recuperaron restos humanos quemados y calcinados tanto en el río San Juan como en el basurero de Cocula. La evidencia que une a ambos sitios por ahora es esencialmente testimonial; es decir, se desprende por el momento del testimonio de los inculpados. En opinión del EAAF falta aún mayor evidencia física que una los hallazgos de ambos sitios y los exámenes de los restos como el proceso de búsqueda de los desaparecidos deben continuar.

De una entrevista con un trabajador municipal del basurero de Cocula, 16 de junio del 2015.

—Después de ese día, ¿usted siguió trabajando en el basurero?

—Sí.

—¿Y no notó nada…?

—No. Nada, nada.

—…extraño? ¿Una gran fogata o…?

—Nada. Nada. Nada.

—¿Cómo a qué horas fueron?

—Fue como al medio día cuando íbamos a vaciar.

—¿Notó algo raro ahí?

—No. La verdad que no notamos nada.

—¿De ese día el 27?

—Sí, el 27.

—¿Y no había nada?

—No había nada.

—¿En la noche había llovido?

—Llovió.

—¿Y llovió fuerte?

—Llovió algo recio. Toda la noche estuvo cayendo agua, estaba lloviendo pues. Se quitó hasta las 6.30 o 7 de la mañana.

Extrabajador municipal del basurero de Cocula, 16 de junio del 2015. Nosotros subimos ese día el 27 de septiembre, que nos tocó el fin de semana. Como todo, ese día nos tocó trabajar el fin de semana. El domingo 28 también subimos a tirar ahí. Subimos ya algo tardecito porque cayó el agua. Pero pues está ahí nomás. Nosotros llegando descargamos, lo que es el trabajo, pues, de nosotros. Más o menos como a eso de la una llegamos al basurero. Por allí. Sí, pues porque salimos de aquí como a las doce, por allí como de la una, así, a las dos de la tarde llegamos por ahí. Pero nosotros no vimos nada. Todo normal. Nosotros no subimos más temprano, porque siempre cuando cae el agua se pone feo el paso. Y ya, pues nosotros llegamos, descargamos y regresamos de vuelta. El 26 no subimos nosotros. El 25 tampoco. Porque está otro basurero de este lado en Apipilulco. Nomás que cuando cae el agua se pone feo allá. Y no podemos pasar. Como aquí el sábado y el domingo toca acá hacer la ruta del mercado, Zócalo, y San Miguel, los sábados; el domingo toca la colonia. Juntamos lo mismo, Zócalo, todo. Y ya nos vamos y hacemos la colonia y pues agarras cerquita para allá. Queda el camino. Cuando te toca aquí en Cocula, a veces te tiras para acá porque te queda más cerca. La verdad, nosotros subimos y normal. Verde, verde, todo igual. Igual, normal. Nosotros a lo que íbamos, a tirar la basura. Y nunca vimos nada, ni el esto ni el otro. Normal.

Pero pues a nosotros también nos querían espantar. Ahora no sabemos nada. Primero fuimos agarrados, no… aquí cuando vino la PGR que nos espantó. Que nosotros no sabemos nada, que qué chingados, no vimos nada. La realidad, quién sabe. Nosotros a lo que nos dedicamos, nuestro trabajo.

La verdad yo no sé nada, ni vi nada. "No, pero ¿trabajaron?" Pues sí, trabajamos, tenemos que trabajar. Ni modo pues que hubiéramos dejado el trabajo tirado, le dije. Y ya pasó. Pero… Fue el 2 de noviembre. Ya fuimos. Nos mandaron a traer. Yo estaba trabajando. Dijeron "van a declarar". "No, pues", les dije, "yo no sé nada. Llévenme donde quieran. Quien nada debe, nada teme". Nos querían espantar, o quién sabe. No sé, la verdad. Y pues, fuimos.

Pues, la verdad no sé leer. Y pues allá nos metieron, uno para allá, otro para acá. Pues sí, nos decían "ahorita se van todos hasta Nayarit". Fue una cosa que yo nunca me imaginaba. Es más, ni me lo esperaba ni sé de esas cosas. Y como le digo, allá nos tuvieron, nosotros no vimos nada. Y, ¿cómo pues les vamos a decir si no…? Nos tenían sin comer. Nos fuimos como a las dos de la tarde.

Pusimos huella. Nos hicieron poner huellas y firmamos. Para qué le voy a decir. Firmamos hartísimas hojas que nos hicieron. Yo les dije que no sabía leer. No sabía leer. Y yo, mi nombre con trabajo lo garabateo. No. Nos hicieron hartas… La verdad que nunca en mi vida pensé que me iba a pasar eso. Nos pusieron a leer no sé qué cosa. Yo, como les digo a ustedes, yo rápido les dije que no sé leer. ¿Para qué me ponen tantas cosas? Me pusieron hartísimas cosas.

Del informe del Grupo Interdisciplinario de Expertos Independientes, página 156. [E]l peritaje señala que no existe ninguna evidencia que apoye la hipótesis generada en base a testimonios, de que los 43 cuerpos fueron cremados en el basurero de Cocula el 27 de septiembre de 2014.

Blanca Nava Vélez, madre de Jorge Álvarez Nava, 19, estudiante de primer año, durante una conferencia de prensa en la Ciudad de México, 6 de septiembre de 2015. Nosotros, madres y padres, teníamos la razón. ¡Siempre la tuvimos! Que nuestros hijos no estaban quemados. Esa verdad. Nosotros sabíamos que era una mentira lo del gobierno. Una mentira más. Y ahora estamos aquí para decirle a quien formuló todo eso que se equivocó. No podían engañarnos. Eso le dije a Murillo Karam, que su mentira ni él mismo la creía. Y ahora se los hemos demostrado con pruebas. No como él, con mentira. Nosotros tenemos prueba científica que nuestros hijos están vivos. Y los vamos a encontrar. Y el estado fue culpable. Porque participaron tres niveles de gobierno. Y, ¿quién nos garantiza que ahorita en adelante no vuelvan a sacar otra mentira más? Pero no le vamos a creer. No podían engañarnos con esa mentira, ahora peor. ¡Seguimos adelante por nuestros hijos!

Seguiremos luchando y seguiremos gritando. El gobierno, yo se lo dije una vez y repito: somos pobres pero no somos tarugos. Nosotros no vamos a creer esto. Y el corazón de madre no se podía equivocar. ¡Ahí no están quemados nuestros hijos! Y se lo estamos demostrando. Ahorita en adelante espero que saquen la verdad. Como madres y como padres que estamos aquí queremos la verdad. Ya no queremos mentiras. No vamos a aceptar otra mentira más del gobierno. Porque se ha dedicado a torturarnos, a destrozarnos el corazón. Que piensa que con esa mentira, ¿no sentíamos feos nosotros? Se lo dijimos si él no tenía hijos. Y mira lo que hizo. Y ahora estamos demostrando que su teatro que formó se derrumbó. ¡Su "verdad histórica" es una mentira histórica! ¡Y seguiremos hasta encontrar a nuestros hijos, y lucharemos hasta encontrarlos!

Miguel Alcocer, 20, estudiante de primer año. Tuve pesadillas. Soñaba que otra vez nos estaban tirando los policías y despertaba con miedo. Ni ganas de dormir tenía. Una vez, soñaba que estaba en mi casa con mis papás y que llegaron unos hombres ahí. Que primero llegaron buena onda y así, pero como que yo ya sentía algo. Yo les decía a mis papás que eran malos pero ellos decían que no. Y en un día de ésos cuando llegamos mi papá, mi mamá y mis hermanos, llegamos a mi casa y vimos al señor ése al que le tenían confianza. Y yo vi que estaba destajando a una persona. Yo sentía un chingo de miedo y veía a mis papás que también estaban ya con miedo. Ese día sentí bien gacho todo el día, sentía así como mi cuerpo nervioso, bien gacho. Pero ya no he soñado con esas cosas.

Edgar Yair, 18, estudiante de primer año. Me siento triste porque con todos nuestros compañeros que no aparecen tenemos la amistad muy grande, más que una amistad, una hermandad. Porque convivimos mucho tiempo juntos. Todos los días estuvimos juntos. Convivíamos tristezas, convivíamos alegrías, risas. A veces enojos. Yo tenía un compañero que está desaparecido, tenía una amistad muy grande con él. Yo no lo sentía ya como amigo, lo sentía como un hermano. Ahora me duele al ver que esos compañeros no aparecen.

Jorge Hernández Espinosa, 20, estudiante de primer año. Yo quiero ser maestro y quiero salir egresado de la Normal. Quiero un día contarle a mis hijos, a mis nietos "yo estudié en la Normal Raúl Isidro Burgos de Ayotzinapa" y sentirme orgulloso de decir "yo fui parte de esa masacre que se vivió el 26 de septiembre de la que todo el país entero, todo el mundo se enteró, y apoyaban, algunos criticaban, pero todo el mundo entero recibió la noticia de Ayotzinapa, de que fuimos reprimidos".

Y me siento orgulloso de decir "yo soy, formo parte de la academia de primer año, soy alumno de la Normal de Ayotzinapa".

Coyuco Barrientos, 21, estudiante de primer año. Hay una frase que muchos dicen aquí: quien ve una injusticia y no la combate, la comete.

Asesinados en Iguala el 26-27 de septiembre de 2014

1. Julio César Mondragón Fontes, 22,
   estudiante normalista
2. Daniel Solís Gallardo, 18,
   estudiante normalista
3. Julio César Ramírez Nava, 23,
   estudiante normalista
4. David Josué García Evangelista, 15,
   futbolista
5. Víctor Manuel Lugo Ortiz, 50,
   chofer del autobús del equipo de fútbol
6. Blanca Montiel Sánchez, 40,
   pasajera de un taxi en la carretera

**En coma por un disparo a la cabeza en Iguala
el 26-27 de septiembre de 2014**

1. Aldo Gutiérrez Solano, 19, normalista

**Estudiantes normalistas desaparecidos en Iguala
el 26-27 de septiembre de 2014**

1. Abel García Hernández, 19
2. Abelardo Vázquez Penitén, 19
3. Adán Abraján de la Cruz, 20
4. Alexander Mora Venancio, 19
5. Antonio Santana Maestro, 19
6. Benjamín Ascencio Bautista, 19
7. Bernardo Flores Alcaraz, 21
8. Carlos Iván Ramírez Villarreal, 20
9. Carlos Lorenzo Hernández Muñoz, 19
10. César Manuel González Hernández, 19
11. Christian Alfonso Rodríguez Telumbre, 21
12. Christian Tomas Colón Garnica, 18
13. Cutberto Ortiz Ramos, 22
14. Doriam González Parral, 19
15. Emiliano Alen Gaspar de la Cruz, 23
16. Everardo Rodríguez Bello, 21
17. Felipe Arnulfo Rosas, 20
18. Giovanni Galindes Guerrero, 20
19. Israel Caballero Sánchez, 19
20. Israel Jacinto Lugardo, 19
21. Jesús Jovany Rodríguez Tlatempa, 21
22. Jonas Trujillo González, 20

23. Jorge Álvarez Nava, 19
24. Jorge Aníbal Cruz Mendoza, 19
25. Jorge Antonio Tizapa Legideño, 20
26. Jorge Luis González Parral, 21
27. José Ángel Campos Cantor, 33
28. José Ángel Navarrete González, 18
29. José Eduardo Bartolo Tlatempa, 17
30. José Luís Luna Torres, 20
31. Jhosivani Guerrero de la Cruz, 20
32. Julio César López Patolzin, 25
33. Leonel Castro Abarca, 18
34. Luis Ángel Abarca Carrillo, 20
35. Luis Ángel Francisco Arzola, 20
36. Magdaleno Rubén Lauro Villegas, 19
37. Marcial Pablo Baranda, 20
38. Marco Antonio Gómez Molina, 20
39. Martín Getsemany Sánchez García, 20
40. Mauricio Ortega Valerio, 18
41. Miguel Ángel Hernández Martínez, 27
42. Miguel Ángel Mendoza Zacarías, 23
43. Saúl Bruno García, 20

Agradecimientos

Agradezco con todo mi corazón a quienes platicaron conmigo y compartieron sus historias para este libro y a todas las familias y los estudiantes de Ayotzinapa que han mantenido sin descanso la búsqueda y la lucha por los desaparecidos, los caídos, los heridos y por la verdad y la justicia; también a las personas solidarias que me ayudaron muchísimo durante los meses de reportear en Guerrero: Kau Sirenio, Marcela Turati, Sergio Ocampo, Lenin Ocampo, Ulises Domínguez, Vania Pigeonutt, Margena de la O, Jesus Guerrero, María Benítez, Daniela Rea, Norma González, Edith Victorino, Naira, Füsun, Almazán, Diego, Sandra, Meño y Nayeli, Ray y Yuri, Adriana, Alba, A., Andrés y Sara, Enrique, Andalucía, Francesca, Eileen, Elia y Luz, Diana y Matt, Sánchez, Valencia y Tania, Paco y Jovi, Nel, Lolita, Emiliano, Río Doce, Ana Paula, M., C., Raúl, Thalía y Temoris, Valin, David Espino, Alejandro Guerrero, Natividad Ambrocio, Maya Telumbre, Pablo Rojas, Patricia Salinas, Daniel Alarcón, Ted Lewis, Kit Rachlis, Douglas McGray, California Sunday Magazine, Suzanne Gollin, y Valentina López DeCea, Edith López Ovalle, Fernanda Gómez, Paula Mónaco y todas las compañeras y los compañeros de H.I.J.O.S. México.

Una historia oral de la infamia de John Gibler
se terminó de imprimir en abril de 2016
en los talleres de
Litográfica Ingramex, S.A. de C.V.
Centeno 162-1, Col. Granjas Esmeralda, C.P. 09810, México D.F.